TRIBUNAL CIVIL DE PERPIGNAN.

AFFAIRE DU 31 OCTOBRE A ESTAGEL.

PIERRE BOURDANEL, demandeur,

CONTRE

RAYMOND CAMPS, Propriétaire & Maire, défendeur, domiciliés à Estagel.

DEMANDE EN DIX MILLE FRANCS DE DOMMAGES-INTÉRÈTS.

PERPIGNAN

TYPOGRAPHIE FALIP-TASTU, QUAI DE LA PRÉFECTURE, 1.

1872.

JUGEMENT

DU TRIBUNAL CIVIL DE PERPIGNAN

EN DATE DU 13 JUIN 1871.

I.

Bourdanel contre Camps.

RÉPUBLIQUE FRANÇAISE.

Au Nom du Peuple Français,

La Section civile du Tribunal de première instance de Perpignan, département des Pyrénées-Orientales, a rendu le jugement suivant :

Entre Pierre Bourdanel, négociant, domicilié à Estagel, demandeur, d'une part, ayant pour avoué Me Tarbouriech,

Et Raymond Camps, propriétaire, Maire de la commune d'Estagel, y domicilié, défendeur, ayant pour avoué Me Auberge.

Après inutile essai de conciliation et par exploit de Traby, huissier, à Perpignan, en date du quinze avril mil huit cent soixante-onze, enregistré, Pierre Bourdanel, a assigné Raymond Camps devant le Tribunal civil de Perpignan, pour le faire condamner en dix mille francs de dommages-intérêts, pour s'être permis le trente-un octobre dernier, vers les huit heures du matin, de l'arrêter contre toute légalité et justice, et de l'incarcérer, le premier novembre dernier, vers les trois heures du soir, laquelle incarcération n'a cessé que le deux novembre dernier, vers les trois heures du soir, avec intérêts de droit et dépens.

Dans cette assignation, Pierre Bourdanel a constitué pour son avoué M⁰ Tarbouriech.

M⁰ Auberge s'est constitué avoué pour Raymond Camps.

La cause, après inscription au rôle, ayant été portée à l'audience du douze juin ;

Ouï M⁰ Noé, avocat, plaidant pour Pierre Bourdanel, assisté de M⁰ Tarbouriech, son avoué, qui a conclu à ce qu'il plaise au Tribunal :

Condamner M. Raymond Camps à payer au concluant la somme de dix mille francs, à titre de dommages-intérêts, avec dépens ;

Subsidiairement, et, en cas de déni, admettre le concluant à la preuve des faits suivants :

1° Le trente un octobre mil huit cent soixante-dix, les cultivateurs s'étaient déjà dirigés vers les propriétés où ils devaient aller travailler, quand M. Raymond Camps, Maire d'Estagel, fit prendre les armes aux ouvriers de la localité et envoya des émissaires dans les environs pour faire rentrer les cultivateurs qui s'armèrent dès leur retour ;

2° Le Maire fit garder toutes les issues de la commune et donna pour consigne d'empêcher de sortir qui que ce fût ;

3° Bourdanel s'étant présenté à l'une des issues, vers les huit heures, il lui fut défendu de sortir, sans un ordre du Maire ; il alla trouver ce dernier qui lui refusa rudement l'autorisation de sortir et, peu de temps après, vint lui-même placer à sa porte une sentinelle ;

4° L'ordre donné par le Maire à la sentinelle était de tirer sur Bourdanel, s'il essayait de sortir ;

5° Le lendemain premier novembre, Bourdanel ayant voulu se faire raser, le Maire n'autorisa le barbier à pénétrer dans la maison qu'escorté par un Garde national armé, qui reçut la consigne d'empêcher l'échange du moindre propos ;

6° Le premier novembre, à trois heures du soir, le Maire vint, avec le premier adjoint Cazenove, chercher Bourdanel chez lui et le conduisit à la prison ;

7° L'incarcération ne cessa que le lendemain deux novembre, vers quatre heures du soir, grâce à l'intervention du Préfet;

8° La population d'Estagel fut, grâce à ces mesures de rigueur, convaincue que Bourdanel et les autres personnes, victimes des mêmes mesures, s'étaient rendues coupables de dénonciations ou d'autres actes également odieux; le Maire affirmait avoir en mains la liste de proscription et excitait ainsi les Gardes nationaux contre Bourdanel et les autres personnes arrêtées.

Bourdanel a dû s'éloigner d'Estagel où il n'est rentré que dix jours après sa mise en liberté;

9° Le Maire avait si peu l'intention de protéger contre les fureurs de la populace les personnes qui ont été victimes de ces actes arbitraires et criminels, qu'il a fait mettre en arrestation la femme d'Adrien Izarn et celle de Garau; Izarn et Garau étant absents d'Estagel au moment où le Maire a voulu les arrêter. Le Maire a envoyé seize hommes armés opérer à cinq kilomètres d'Estagel l'arrestation de M. Izarn.

Dans ce cas, réserver les dépens.

L'audience ayant été renvoyée au lendemain treize juin mil huit cent soixante-onze.

Me Salva, avocat de M. Raymond Camps, assisté de Me Auberge, son avoué, a conclu à ce qu'il plaise au Tribunal :

Déclarer la demande de Bourdanel injuste et mal fondée; ce faisant, l'en débouter; reconventionnellement le condamner à payer au concluant la somme de douze mille francs, à titre de dommages-intérêts; le condamner aux intérêts légitimes et aux dépens.

Subsidiairement, avant dire droit, admettre le concluant à la preuve des faits suivants :

1° La nouvelle de la reddition de Metz étant parvenue à Estagel, dans la nuit du trente octobre, le rappel fut battu sans ordre le trente-un, vers six heures du matin, tandis que Raymond Camps était au lit;

2° Déjà vers cinq heures du matin, un cordon de sentinelles avait été placé autour de la ville et empêchait le passage;

3° Le Maire, s'étant levé, se rendit sur la place où la Garde nationale, réunie en armes, réclamant des munitions, vociférant contre certains individus chez lesquels, disait-on, étaient entassées des armes pour égorger le peuple, menaçait d'envahir leur domicile ;

4° Le Maire s'efforça, en vain, de faire entendre la voix de la raison : « C'est « moi qui commande, criait un individu, et j'irai chercher des munitions à « Perpignan pour faire exécuter mes ordres ; »

5° Tandis que cet individu entraînait quelques hommes et partait, le Maire en profitait pour renouveler ses exhortations ; il parvint à faire rentrer chez eux une partie des Gardes nationaux, tandis que les plus violents couraient aux issues de la ville ; il établit un poste de vingt hommes à la Mairie pour veiller à la sécurité des personnes et le calme se fit pour quelques heures ;

6° Dans l'après-midi, la discorde recommença et la foule armée se porta au domicile des individus suspectés, de Bourdanel entre-autres ; le Maire accourut, contint la foule et mit des factionnaires à la porte des maisons menacées, tandis qu'il envoyait un homme de confiance à Perpignan, pour informer l'autorité supérieure ;

7° Jusqu'à dix heures du soir, il tint tête aux furieux, visita dans leurs maisons ceux qui n'en pouvaient plus sortir sans danger, Bourdanel entre autres, les engagea à ne pas essayer de sortir et leur promit d'empêcher qu'aucun mal ne leur fût fait ;

8° Le lendemain matin, le Conseil municipal assemblé, espérant par cette mesure calmer les esprits, décida que des recherches seraient faites chez les individus signalés comme détenteurs d'armes, Bourdanel entre autres. Le Maire se rendit chez celui-ci, assisté de ses adjoints et des quelques personnes qui l'aidaient depuis la veille à contenir la population en délire. Bourdanel remit son fusil de Garde national et un révolver, en disant : « Faites-moi arrêter, M. le « Maire. Donnez-moi deux gardes et j'irai avec ma voiture où vous ordonnerez ; « ici, je ne suis pas en sûreté. » — « Restez, répondit le Maire, et soyez sûr « qu'il ne vous arrivera rien ; » il était alors dix heures du matin ;

9° Vers midi, nouvelle alerte, bien qu'on n'eût trouvé de dépôt d'armes nulle part ; un paysant dénonça M. Triquéra comme ayant caché des révolvers dans les jarres de son moulin à huile ; la foule se précipita, mais le maire la devança, l'arrêta, visita seul le moulin et vint affirmer que le dénonciateur avait menti ;

10° La foule répondit que le Maire la trompait, elle le menaça et voulut

arrêter Triquéra. Déjà cinquante hommes armés s'avançaient; le Maire se fit
écouter encore et vint seul inviter Triquéra à se rendre à la Mairie. « Avez-vous
un mandat d'arrêt? demanda-t-il. » — « Non, assurément. » — « Je n'y vais
pas alors. » — « Soit; écoutez ces cris de la rue; je désire mettre votre personne en sûreté. » — « Je vous suis. » Le Maire protégeant son passage, Triquéra
arriva à la Mairie, sans avoir été l'objet d'aucune violence;

11° Les Gardes nationaux voulurent arrêter Bourdanel et les autres. Le Maire
se rendit chez le premier. « Vous avez manifesté le désir d'être arrêté? » — « Oui,
je préfère être en prison qu'ici. » — « Venez alors à la Mairie. » Et Bourdanel y
arriva sous la protection du Maire, sans avoir été l'objet de la moindre violence;

12° La nuit, le Maire voulait donner aux personnes arrêtées le moyen de
quitter Estagel, mais le Conseil municipal assemblé, craignant des malheurs,
décida, à neuf heures, qu'il fallait les maintenir en état d'arrestation jusqu'à
l'arrivée des ordres de la Préfecture;

13° De grand matin, le Maire se rendit à Perpignan, exposa la situation au
Préfet et revint à Estagel avec ce magistrat qui visita les prisonniers, leur promit
la liberté dans quelques instants, convoqua la Garde nationale sur le terrain des
manœuvres, lui fit un discours, assista à ses exercices, et, pendant ce temps, facilita à tous les prisonniers le moyen de fuir; il monta aussitôt en voiture et partit lui-même;

14° On s'aperçut de cette fuite; le Préfet fut poursuivi à coups de pierres,
tandis que le Maire, sommé de rendre son écharpe, était accueilli par des forcenés
qui l'assommèrent sur place et le laissèrent ensanglanté, entre les mains de ses
parents.

En droit : faut-il d'ores et déjà statuer tant sur la demande principale de
Bourdanel que sur la demande reconventionnelle de Camps?

Le Tribunal doit-il, au contraire, admettre les parties à la preuve des faits
par elles respectivement articulés ?

Quid des dépens?

Après les plaidoiries qui ont eu lieu aux audiences des douze et treize juin
mil huit cent soixante-onze;

2

Le Ministère public entendu en ses conclusions verbales et motivées, à cette dernière audience ;

Le Tribunal a délibéré en secret et M. le Président, après avoir recueilli les avis, a prononcé en public et à haute voix le jugement suivant :

Considérant que, à l'appui de la demande en dommages-intérêts, par lui formée contre Raymond Camps, Maire d'Estagel, Bourdanel soutient et offre de prouver que, le trente-un octobre dernier, il vit sa maison envahie par un certain nombre de Gardes nationaux en armes, conduits par ledit Camps ; que ce dernier le constitua prisonnier dans sa maison et plaça une sentinelle à la porte, avec ordre de tirer sur lui, s'il cherchait à s'évader ; que, le lendemain, Camps, accompagné d'un de ses adjoints, se transporta au domicile de Bourdanel et le fit transférer à la Mairie où, par ordre du Maire, il fut écroué dans la chambre de sûreté ; qu'il y fut retenu jusqu'au lendemain deux novembre, où il fut remis en liberté par les soins de M. le Préfet des Pyrénées-Orientales, qui avait dû se transporter sur les lieux, pour mettre un terme aux mesures arbitraires et vexatoires dont Bourdanel et plusieurs autres personnes avaient été l'objet ;

Considérant que Camps reconnaît avoir fait arrêter et incarcérer Bourdanel et quelques autres personnes d'Estagel, mais qu'il prétend et offre de prouver qu'en ordonnant cette mesure, il n'a eu d'autre but que de dérober les individus arrêtés aux violences d'une partie de la population, vivement surexcitée contre eux ; qu'il soutient, notamment, que Bourdanel avait sollicité lui-même son arrestation, comme le moyen le plus sûr d'échapper aux périls dont sa personne était menacée ;

Considérant que les faits articulés par l'une et l'autre partie sont pertinents et admissibles, et qu'il y a lieu de les admettre à en faire la preuve ;

Considérant que, le Tribunal ne statuant pas au fond, il y a lieu de réserver les dépens :

PAR CES MOTIFS, le Tribunal, statuant en premier ressort, ordonne, avant dire droit, que, pardevant M. Poumayrac, juge, qui est commis à ces fins, Bourdanel sera admis à prouver, par témoins, les faits suivants :

1° Le trente-un octobre mil huit cent soixante-dix, les cultivateurs s'étaient déjà dirigés vers les propriétés où ils devaient aller travailler, quand M. Raymond Camps, Maire d'Estagel, fit prendre les armes aux ouvriers de la localité ; il envoya des émissaires dans les environs pour faire rentrer les cultivateurs, qui s'armèrent dès leur retour ;

2° Le Maire fit garder toutes les issues de la commune, et fit donner pour consigne d'empêcher de sortir qui que ce fût ;

3° Bourdanel s'étant présenté à l'une des issues, vers les huit heures, il lui fut défendu de sortir, sans un ordre du Maire.

Il alla trouver ce dernier, qui lui refusa rudement l'autorisation de sortir, et, peu de temps après, vint lui même placer à sa porte une sentinelle ;

4° L'ordre donné par le Maire à la sentinelle était de tirer sur Bourdanel, s'il essayait de sortir ;

5° Le lendemain, premier novembre, Bourdanel ayant voulu se faire raser, le Maire n'autorisa le barbier à pénétrer dans la maison qu'escorté par un Garde national armé, qui reçut la consigne d'empêcher l'échange du moindre propos ;

6° Le premier novembre, à trois heures du soir, le Maire vint, avec le premier adjoint Cazenove, chercher Bourdanel chez lui et le conduisit à la prison ;

7° L'incarcération ne cessa que le lendemain deux novembre, vers quatre heures du soir, grâce à l'intervention du Préfet ;

8° La population d'Estagel fut, grâce à ces mesures de rigueur, convaincue que Bourdanel et les autres personnes, victimes des mêmes mesures, s'étaient rendus coupables de dénonciations ou d'autres actes également odieux. Le Maire affirmait avoir en mains la liste de proscription, et excitait ainsi les Gardes nationaux contre Bourdanel et les autres personnes arrêtées. Bourdanel a dû s'éloigner d'Estagel, où il n'est rentré que dix jours après sa mise en liberté ;

9° Le Maire avait si peu l'intention de protéger contre la fureur de la population les personnes qui ont été victimes de ces actes arbitraires et criminels, qu'il a fait mettre en état d'arrestation la femme d'Adrien Izarn et celle de Garau, Izarn et Garau étant absents d'Estagel, au moment où le Maire a voulu les arrêter. Le Maire a envoyé seize hommes armés, opérer, à cinq kilomètres d'Estagel, l'arrestation de M. Izarn.

Ordonne également que, devant le même juge-commissaire, Raymond Camps, sera admis à prouver, par témoins, les faits suivants :

1° La nouvelle de la reddition de Metz étant parvenue à Estagel dans la nuit du trente octobre, le rappel fut battu sans ordre, le trente-un, vers six heures du matin, tandis que Raymond Camps était au lit ;

2° Déjà, vers cinq heures du matin, un cordon de sentinelles avait été placé autour de la ville et empêchait le passage ;

3° Le Maire s'étant levé se rendit sur la place, où la Garde nationale, réunie en armes réclamant des munitions, vociférant contre certains individus chez lesquels, disait-on, étaient entassées des armes pour égorger le peuple, menaçait d'envahir leur domicile ;

4° Le Maire s'efforça en vain de faire entendre la voix de la raison : « C'est mo qui commande, criait un individu, et j'irai chercher des munitions à Perpignan pour faire exécuter des ordres ; »

5° Tandis que cet individu entraînait quelques hommes et partait, le Maire en profitait pour renouveler ses exhortations ; il parvint à faire rentrer chez eux une partie des Gardes nationaux, tandis que les plus violents couraient aux issues de la ville ; il établit un poste de vingt hommes à la Mairie pour veiller à la sécurité des personnes, et le calme se fit pour quelques heures ;

6° Dans l'après-midi, le désordre recommença et la foule armée se porta au domicile des individus suspectés, de Bourdanel entre autres. Le Maire accourut, contint la foule et mit des factionnaires à la porte des maisons menacées, tandis qu'il envoyait un homme de confiance à Perpignan, pour informer l'autorité supérieure ;

7° Jusqu'à dix heures du soir, il tint tête aux furieux, visita dans leurs maisons ceux qui n'en pouvaient plus sortir sans danger, Bourdanel entre autres, les engagea à ne pas essayer de sortir et leur promit d'empêcher qu'aucun mal ne leur fût fait ;

8° Le lendemain matin, le Conseil municipal assemblé, espérant par cette mesure calmer les esprits, décida que des recherches seraient faites chez les individus signalés comme détenteurs d'armes, Bourdanel entre autres. Le Maire se rendit chez celui-ci, assisté de ses adjoints et de quelques personnes qui l'aidaient depuis la veille à contenir la population en délire. Bourdanel remit son fusil de Garde national et un révolver en disant : « Faites-moi, arrêter, Monsieur le Maire, donnez-moi deux gardes et j'irai avec ma voiture où vous ordonnerez. Ici, je ne suis pas en sûreté. — « Restez, répondit le Maire, et soyez sûr qu'il ne vous arrivera rien. » Il était alors dix heures du matin ;

9° Vers midi, nouvelle alerte. Bien qu'on n'eût trouvé de dépôts d'armes nulle part, un paysan dénonça Triquéra comme ayant caché des révolvers dans les jarres de son moulin à huile. La foule se précipita, mais le Maire la devança, l'arrêta, visita seul le moulin et vint affirmer que le dénonciateur avait menti ;

10° La foule répondit que le Maire la trompait ; elle le menaça et voulut arrêter Triquéra. Déjà cinquante hommes armés s'avançaient ; le Maire se fit écouter encore et vint seul inviter Triquéra à se rendre à la Mairie. « Avez-vous un mandat d'arrêt ? demanda-t-il. » — « Non, assurément. — « Je n'y vais pas alors » — « Soit ! Écoutez ces cris de la rue, je désire mettre votre personne en sûreté » — « Je vous suis. » Et le Maire protégeant son passage, Triquéra arriva à la Mairie sans avoir été l'objet d'aucune violence ;

11° Les Gardes nationaux voulurent arrêter Bourdanel et les autres. Le Maire se rendit chez le premier. « Vous avez manifesté le désir d'être arrêté ? » — « Oui, je préfère être en prison qu'ici. » — « Venez alors à la Mairie. » Et Bourdanel y arriva sous la protection du Maire, sans avoir été l'objet de la moindre violence ;

12° La nuit, le Maire voulait donner aux personnes arrêtées le moyen de quitter Estagel, mais le Conseil municipal assemblé, craignant des malheurs, décida, à neuf heures, qu'il fallait les maintenir en état d'arrestation jusqu'à l'arrivée des ordres de la Préfecture ;

13° De grand matin, le Maire se rendit à Perpignan, exposa la situation au Préfet, et revint à Estagel avec ce magistrat, qui visita les prisonniers, leur promit la liberté dans quelques instants, convoqua la Garde nationale sur le terrain des manœuvres, lui fit un discours, assista à ses exercices, et, pendant ce temps, facilita à tous les prisonniers le moyen de fuir. Il monta aussitôt en voiture et partit lui-même ;

14° On s'aperçut de cette fuite ; le Préfet fut poursuivi à coups de pierres, tandis que le Maire, sommé de rendre son écharpe, était assailli par des forcenés, qui l'assommèrent sur place et le laissèrent ensanglanté entre les mains de ses parents.

La preuve contraire demeurant réservée à l'une et à l'autre des parties :

Réserve les dépens.

Ainsi jugé en secret par le Tribunal et prononcé à haute voix par M. le Président, à l'audience publique du treize juin mil huit cent soixante-onze, à laquelle étaient présents MM. Onillon, président, Vilallongue et Poumayrac, juges, composant la section civile, M. Pujo, substitut du Procureur de la République et Lafont, greffier.

Signés : E. ONILLON, J. LAFONT, Greffier.

Enregistré à Perpignan, le premier juillet mil huit cent soixante-onze, folio douze, case deuzième. Reçu trois francs, décime et demi quarante-cinq centimes.

Signé : T. NOGUÉS.

En conséquence, la République mande et ordonne à tous huissiers, sur ce requis, de mettre le présent jugement à exécution ; aux procureurs généraux et aux procureurs de la République près les tribunaux de première instance, d'y tenir la main ; à tous commandants et officiers de la force publique, de prêter main-forte, lorsqu'ils en seront légalement requis.

En foi de quoi, la minute du présent jugement a été signée par M. le Président et le greffier d'audience.

Pour expédition : J. LAFONT.

ENQUÊTE PRINCIPALE.

M. POUMAYRAC, Juge, M⁽ˢ⁾ AUBERGE et TARBOURIECH,

Avoués.

II.

Enquête Principale.

———————

EXTRAIT *des minutes du Greffe du Tribunal de première instance de l'arrondissement de Perpignan, département des Pyrénées-Orientales.*

L'an mil huit cent soixante-onze et le premier août, pardevant Nous, Henri Poumayrac, juge au Tribunal civil de première instance séant à Perpignan, assisté du Greffier du Tribunal, au Palais de Justice à Perpignan,

A comparu Me Edmond Tarbouriech, avoué-licencié près ledit Tribunal, occupant pour Pierre Bourdanel, négociant à Estagel, lequel nous a exposé, dans une requête qu'il nous a présentée :

Que, par jugement en date du treize juin dernier, rendu entre Pierre Bourdanel et Raymond Camps, propriétaire, domicilié à Estagel, Maire de ladite commune, le Tribunal civil de Perpignan a admis les parties à la preuve des faits qu'elles ont articulés, et nous a commis pour recevoir les enquêtes ;

Que Pierre Bourdanel, désirant faire procéder à cette enquête nous supplie de fixer les jour, lieu et heures où il nous plaira procéder à l'audition des témoins qu'il se propose de faire entendre ;

Nous, Juge-Commissaire, faisant droit à cette réquisition, avons mis au pied de cette requête notre ordonnance portant permis de citer ces témoins pour le mardi

3

vingt-deux courant, neuf heures du matin, dans une des salles du Palais de Justice à Perpignan, et avons dressé le présent procès-verbal d'ouverture d'enquête, que nous avons signé, après lecture, avec Mᵉ Tarbouriech et le Greffier du Tribunal.

Signés : E. Tarbouriech, H. Poumayrac, J. Lafont, greffier.

L'an mil huit cent soixante-onze et le mardi vingt-deux août, neuf heures du matin, au Palais de Justice à Perpignan,

Pardevant Nous, Henri Poumayrac, juge au Tribunal civil de première instance séant à Perpignan, assisté du commis-greffier soussigné.

A comparu Mᵉ Edmond Tarbouriech, avoué-licencié près ledit Tribunal, occupant pour Pierre Bourdanel, négociant, domicilié à Estagel, lequel nous a exposé ce qui suit :

Par jugement en date du treize juin dernier, rendu entre Pierre Bourdanel et Raymond Camps, propriétaire et Maire, domicilié à Estagel, le tribunal a admis les parties à la preuve des faits qu'elles ont respectivement articulés et nous a commis pour recevoir les enquêtes.

Le premier août courant, par notre ordonnance, enregistrée, nous avons fixé, à ces jour, lieu et heures, l'audition des témoins de Bourdanel et dressé procès-verbal d'ouverture d'enquête.

Le dix-huit août courant, par exploit de Payré, huissier à Perpignan, Pierre Bourdanel a fait dénoncer à Raymond Camps les noms des témoins qu'il se proposait de faire entendre, et l'a assigné à comparaître devant nous, à ces jour, lieu et heures, pour assister à l'audition de ces témoins.

Par acte signifié, le même jour, par le même huissier, il a fait sommer Mᵉ Auberge, avoué de Raymond Camps, d'assister à cette enquête.

Enfin, par un autre exploit, du même huissier, en date du dix-neuf août courant, le tout enregistré, il a fait citer les témoins résidant dans l'arrondissement de Perpignan, et par exploit d'Avignon, huissier à Sigean, en date du dix-sept août courant, aussi enregistré, il a fait citer un témoin du canton de Sigean.

Et vu la présence des parties, celle de leurs avoués et celle des témoins, Mᵉ Tarbouriech nous a prié de procéder à l'audition de ces derniers.

Nous, Juge-Commissaire, faisant droit à cette réquisition, avons procédé à l'audition des témoins cités, qui ont été entendus, séparément, les uns à la suite des autres, et après avoir individuellement juré de dire la vérité ont déposé comme suit :

Le premier desdits témoins assigné par exploit d'Avignon, huissier à Sigean, dont il nous a représenté la copie revêtue des formalités légales, après serment par lui prêté de dire vérité, a dit s'appeler :

1. LAS (Joseph), quarante-six ans, propriétaire et commissionnaire en vins,

domicilié à Fitou, n'être ni parent ni allié, ni serviteur, ni domestique d'aucune des parties, et sur les faits contenus au dispositif du susdit jugement dont lecture lui a été donnée, a déposé oralement ainsi qu'il suit :

Le premier novembre dernier, je suis arrivé à Estagel par le courrier de Saint-Paul, vers onze heures et demie ou minuit. En descendant de voiture, je fus très-surpris de voir autour de la diligence un poste de Gardes nationaux. Je me rendis à l'hôtel Gary et, dans le parcours, je rencontrai plusieurs factionnaires. Je les questionnai au sujet de ce déploiement de forces ; ils ne me répondirent point. Arrivé dans l'hôtel, j'en demandai le motif à M. Gary, qui ne me donna que des détails tout-à-fait vagues dont je n'ai pas gardé le souvenir. Le lendemain, j'appris que Bourdanel avait été jeté en prison. Je me rendis à son domicile où je trouvai sa femme et sa fille en pleurs. J'entrai dans la maison librement, sans qu'il me fût fait la moindre observation par personne. Je ne crois pas qu'il y eût de factionnaire à l'entrée.

Je me rendis ensuite à la Mairie pour demander l'autorisation de communiquer avec Bourdanel. L'adjoint, qui était présent, me donna cette autorisation, en me faisant accompagner par un gendarme. Je causai quelque temps avec Bourdanel, qu'on fit sortir du cachot ; le gendarme se tint dans le corridor à quelque pas de nous, sans gêner en rien notre conversation. Bourdanel me raconta toutes les misères qu'on lui avait faites et dont je n'ai gardé qu'un souvenir très-confus, étant excessivement attristé de la situation dans laquelle se trouvait cet honnête citoyen.

Dans le cours de la journée, j'allai déguster des vins dans plusieurs caves d'Estagel, sans me préoccuper de ce qui se passait dans l'intérieur de la ville. J'appris le soir que le Préfet était venu et qu'il était déjà reparti, après avoir fait relâcher les prisonniers. A ce moment-là, je vis la foule se porter vers la maison de M. le Maire, le forcer à descendre dans la rue et l'emmener à la Mairie.

On disait qu'on en voulait au Maire de ce que, après avoir fait arrêter certains citoyens, il était allé à Perpignan prendre les ordres pour les faire rendre à la liberté.

Huit ou dix jours après, étant revenu à Estagel. Je parcourus plusieurs caves de la localité avec Bourdanel.

Celui-ci fut accueilli partout avec les plus grandes marques de sympathie. Je constatai qu'il n'avait rien perdu de l'estime et de la considération dont il a toujours été entouré.

Lecture, a persisté et signé.

(N'a pas requis taxe).

Signés : LAS, H. POUMAYRAC, PONS, C. greffier.

Le deuxième desdits témoins, appelé par exploit de Payré, huissier à Perpignan, dont il nous a représenté la copie, revêtue des formalités légales, après serment par lui prêté de dire vérité, a dit s'appeler :

2. BORELLO (Victor), cinquante-trois ans, officier de santé,

domicilié à Saint-Paul-de-Fenouillet, ni parent, ni allié, serviteur, ni domestique d'aucune des parties, et sur les faits contenus au dispositif du susdit jugement dont lecture lui a été donnée, a déposé oralement ainsi qu'il suit :

Le trente-un octobre dernier, vers six heures du matin, j'entendis battre le rappel dans les rues d'Estagel ; étant sorti sur la place, je remarquai une agitation extraordinaire, la population arrivait en masse et les cultivateurs qui étaient déjà sortis pour aller au travail, s'empressaient de rentrer en ville et d'aller prendre leurs armes. On me dit que toutes les issues de la ville étaient gardées et qu'on ne pouvait sortir. Cependant, comme j'avais deux malades à voir à la campagne, l'un à Maury, l'autre à Cases-de-Pène, je voulus tenter de faire ces deux visites. J'en parlai à M. le Maire, qui me dit que je n'avais qu'à aller à la Mairie, qu'on me donnerait un laissez-passer, on me le délivra en effet. Je me dirigeai d'abord vers Maury, la sortie de la ville était gardée de ce côté. Chemin faisant, avant d'arriver au poste de la Garde nationale, je rencontrai la mère du malade que j'allais voir à Maury : elle me dit que le malade allait mieux, que je pouvais me dispenser de le visiter.

Ayant aperçu alors le conducteur de l'omnibus de Saint-Paul, je le priai de m'attendre pour me porter jusqu'à Cases-de-Pène. L'omnibus s'arrêta sur la place, parce que les Gardes nationaux ne voulurent pas laisser sortir l'omnibus d'Estagel.

Le conducteur alla prendre à la Mairie un laissez-passer.

Lorsque je voulus monter, un Garde national, Bonaventure Forné, oncle du Maire, s'adressant au voiturier, lui dit de ne pas laisser monter M. Borello. Je demandai alors à cet individu pourquoi il voulait s'opposer à mon départ. Il me répondit avec un ton d'autorité que je ne partirais pas et que je l'embêtais. Il monta alors sur la voiture et l'accompagna jusqu'à la sortie du village, pour être bien sûr que je ne partais pas avec elle. Plus tard, lorsque le courrier de Saint-Paul passa, je me rendis à la voiture, j'y trouvai M. Camps qui, prenant la parole, me dit : Vous ne partirez pas ou, si vous partez, vous ne partirez qu'accompagné d'un ou deux hommes.

Je lui demandai qu'est-ce qui payerait cet homme ou ces hommes ? et, sur sa réponse qu'il n'en savait rien ; je déclarai que, si le salaire de ces individus devait être à ma charge, je préférais ne pas partir. Et, en effet, je ne partis point. Le lendemain, premier novembre, j'étais obligé d'aller voir mon fils à Perpignan. Je me levai vers cinq heures du matin et, en ouvrant la porte de la rue, je fus fort étonné de trouver deux factionnaires, dont l'un cria : Qui vive ? Et me barra le passage, en me disant : Vous ne passerez pas.

Après quelques pourparlers, je pus cependant aller trouver l'officier qui commandait le poste et qui me dit que ces factionnaires n'avaient pas été placés là à mon intention et que j'étais libre de partir pour Perpignan.

Je m'empressai de monter dans la voiture et, à la sortie du village, quelques-uns des Gardes nationaux qui étaient appostés de ce côté, jetèrent un coup-d'œil dans l'intérieur de la voiture, mais sans faire aucune observation. Dans la journée, je rencontrai à Perpignan M. Las, qui me demanda si je rentrais à Estagel le soir même et s'il pouvait compter sur moi pour faire tenir un billet à M. Bourdanel pour une affaire urgente. Je me chargeai de cette commission. Arrivé à Estagel, j'appris que Bourdanel était en prison. Je fus appelé auprès de Mme Triquéra, dont le mari était en prison, et qui eut, sur le soir de ce jour, une crise des plus violentes. Cette dame ayant fait des démarches auprès de M. le Préfet, pour obtenir la mise en liberté de son mari, avait espéré que celui-ci lui serait rendu avant la nuit, mais un gendarme mandé par la Préfecture étant arrivé à Estagel et les prisonniers n'ayant pas été relâchés, Mme Triquéra avait alors perdu tout espoir, ce qui avait augmenté sa douleur et provoqué cette crise.

Elle fut très-souffrante toute la nuit. Je restai auprès d'elle, en compagnie de Mme Borello. Le lendemain, M. le Préfet voyant que les ordres qu'il avait envoyés la veille par estafette, n'avaient pas été exécutés, vint lui-même à Estagel pour faire délivrer les prisonniers. J'ai entendu dire, à cette époque, à Estagel, qu'on avait arrêté Bourdanel et les autres, parce qu'ils avaient fait des dénonciations à la Préfecture contre certains individus, sous le gouvernement impérial. J'ignore si on a affiché à Estagel la liste de ces prétendus dénonciateurs; pour moi, je ne l'ai pas vue.

Quand j'ai dit que Bonaventure Forné était l'oncle de M. Camps, j'ai voulu dire qu'il avait épousé la belle-mère de celui-ci.

Lorsque je suis allé sur la place, le trente-un octobre, vers six heures et quart ou six heures et demie du matin, je remarquai autour de la dépêche annonçant la capitulation de Metz la plupart des membres de la Commission municipale et quelques-uns des chefs de la Garde nationale. Je vis par là M. Camps, mais je le vis sur la place environ un quart d'heure après, s'en-

tretenant avec les membres de la municipalité et les officiers de la Garde na
tionale. J'ignore si c'est par son ordre que le rappel a été battu. Ce que je
sais, c'est qu'à sept heures du matin, aucun poste n'avait encore été placé aux
issues du village. J'ai vu passer, avant cette heure-là, le sieur Izard se rendant
du côté de Maury, avec un tonneau d'une trentaine de charges.

Lecture faite, a persisté et signé.

Taxé dix-sept francs.

Signés : V. BORELLO, H. POUMAYRAC, PONS, commis-greffier

Le troisième desdits témoins, assigné par exploit de Payré, huissier à Perpignan, dont il nous a représenté la copie, revêtue des formalités légales, après
serment par lui prêté de dire vérité, a dit s'appeler :

3. LAFFONT (Antoine), âgé de quarante ans, cafetier,

domicilié à Estagel, ni parent, ni allié, ni serviteur, ni domestique d'aucune des
parties et sur les faits contenus au dispositif du susdit jugement, dont lecture lui
a été donnée, a déposé ainsi qu'il suit :

Le trente-un octobre dernier, le rappel fut battu à Estagel, vers sept heures
du matin. Je me rendis sur la place comme les autres Gardes nationaux, et
là, je vis M. le Maire donnant des ordres avec le nommé Constantin Lloubes,
qui faisait les fonctions de commandant de la Garde nationale. On nous
envoya successivement faire faction devant certaines portes. Sur l'interpellation
de Me Auberge, le témoin ajoute qu'il a vu, après le départ du Préfet,
le Maire qui était poursuivi par la foule jusque dans sa maison.

Lecture faite, a persisté et signé.

Taxé neuf francs cinquante centimes.

Signés : H. POUMAYRAC, A. LAFFON, PONS, commis-greffier.

Le quatrième desdits témoins, assigné par exploit de Payré, huissier à Perpignan, dont il nous a représenté la copie, revêtue des formalités légales, après serment par lui prêté de dire vérité, a dit s'appeler : ♦

4. CABRIT (Baptiste), âgé de soixante-neuf ans,

domicilié à Estagel, ni parent, ni allié, ni serviteur, ni domestique d'aucune des parties, et sur les faits contenus au dispositif du susdit jugement, dont lecture lui a été donnée, a déposé oralement ainsi qu'il suit :

Le trente octobre dernier, qui était un dimanche, le nommé Gary, maître d'hôtel à Estagel, vint chez moi, accompagné, lui lieutenant de la Garde nationale, des deux adjoints de la commune.

Il me demanda si Etienne Forné n'y était pas. Je lui demandai ce qu'il voulait de lui ; il me répondit : Il faut absolument qu'il rentre à Estagel. Ledit Forné rentra effectivement audit village avec les individus qui étaient venus le prendre et partirent d'ici vers une heure de l'après-midi.

J'ai su depuis qu'il y avait eu des factionnaires placés devant la porte d'Etienne Forné.

J'ai même entendu dire que Forné père, âgé de quatre-vingt-cinq ans et aveugle ayant voulu sortir, pour aller à la messe, avait été obligé de demander la permission à la Mairie et que cette permission n'avait été donnée qu'avec la restriction que Forné père sortirait seul de la maison.

Lecture, a persisté et signé.

Taxé deux francs.

Signés : H. Poumayrac, B. Cabrit, Pons, commis-greffier.

Le cinquième desdits témoins, assigné par exploit de Payré, huissier à Perpignan, dont il nous a représenté la copie, revêtue des formalités légales, après serment par lui prêté de dire vérité, a dit s'appeler :

5. TARRIUS (Antoine), âgé de cinquante-neuf ans, propriétaire,

domicilié à Estagel, ni parent, ni allié, serviteur ni domestique d'aucune des parties, et sur les faits contenus au dispositif du susdit jugement, dont lecture lui a été donnée, a déposé oralement ainsi qu'il suit :

Le trente-un octobre au matin, j'ai entendu battre le rappel ; je suis sorti de chez moi, j'ai vu beaucoup de monde sur la place ; mais bien que je fasse partie de la Garde nationale, je n'avais pas pris mon fusil, n'ayant reçu aucun ordre de la part de mes chefs, je suis rentré chez moi et ne suis plus ressorti. Je ne sais rien des faits qui se sont produits à Estagel , soit ce jour-là , soit les jours suivants.

Lecture, a persisté et signé.

Taxé neuf francs cinquante centimes.

Signés : H. POUMAYRAC, A. TARRIUS, PONS, Commis-Greffier.

Le sixième desdits témoins, assigné par exploit de Payré, huissier à Perpignan, dont il nous a représenté la copie revêtue des formalités légales, après serment par lui prêté de dire vérité, a dit s'appeler :

6. BARBEZART (Cyprien), âgé de cinquante-un ans, boucher,

domicilié à Estagel, ni parent, ni allié, serviteur, ni domestique d'aucune des parties, et sur les faits contenus au dispositif du susdit jugement, dont lecture lui a été donnée, a déposé :

Le trente-un octobre dernier, pendant que j'entendis battre le rappel dans les rues d'Estagel, vers six heures ou six heures et demie du matin, je me rendis sur la place où je vis déjà une foule considérable et formée des Gardes nationaux en armes. Je demandai à des officiers qui étaient là ce qui se passait ; ils me répondirent d'aller prendre mon fusil que je le saurais plus tard.

Je revins un instant après avec mon arme ; à ce moment, M. Camps, Maire, descendait sur la place, sortant de chez lui. Peu après, mon caporal, en présence du Maire, me donna l'ordre de faire faction devant la porte du nommé Isobet ; en même temps d'autres Gardes nationaux reçurent des ordres semblables.

J'avais reçu pour consigne de ne pas laisser sortir Isobet de sa maison. Ce-

4

pendant je dois dire que, malgré cette consigne, les enfants étant sortis pour aller s'amuser à quelques pas de la porte, j'autorisai Isobet à aller les prendre. Je n'avais pas mon fusil chargé, il ne m'avait pas été dit de tirer sur l'individu s'il tentait de sortir de chez lui, et on ne m'avait pas indiqué le moyen que je devais employer pour faire respecter ma consigne dans le cas où Isobet tenterait de la violer.

Lecture faite, a persisté et a signé.

. Taxé neuf francs cinquante centimes.

Signés : H. POUMAYRAC, BARBEZART (Cyprien), PONS, Commis-Greffier.

Le septième desdits témoins assigné par exploit de Payré, huissier à Perpignan, dont il nous a représenté la copie revêtue des formalités légales, après serment par lui prêté de dire vérité, a dit s'appeler :

7. SIVIEUDE (Catherine), femme André Coll, âgée de trente-un ans,

domiciliée à Maury, ni parente, ni alliée, servante, ni domestique d'aucune des parties, et sur les faits contenus au dispositif du susdit jugement, dont lecture lui a été donnée, a déposé oralement ainsi qu'il suit :

Le premier novembre ou plutôt le trente-un octobre, vers une heure de l'après-midi, pendant que j'étais occupée à pétrir, j'entendis frapper à la porte de la ferme. Je vis des Gardes nationaux armés que je reconnus pour être d'Estagel. Ils me demandèrent où était M. Cayrol : je leur dis qu'il était à Latour ; malgré ma réponse, ils insistèrent de nouveau, disant qu'il devait être dans la métairie.

Je finis cependant par les convaincre du contraire ; ils me demandèrent où était le tonneau qu'avait apporté Adrien Izard, et aussi, où était ce dernier. Ils me demandèrent la clé du cellier ; je la leur remis. Les uns parcoururent le cellier dans tous les sens, d'autres firent le tour de la métairie, après m'avoir demandé s'il y avait plusieurs portes.

Etant tout effrayée par la vue de ces hommes, je leur demandai s'ils voulaient boire, ils acceptèrent mon offre.

Parmi ces Gardes nationaux, j'en connaissais plusieurs de vue, mais aucun
par son nom ; à cette époque, il y avait à peu près un mois que M. Cayrol
était allé habiter Latour avec sa famille.

Lecture, a persisté et ne sait signer.

Taxé neuf francs cinquante centimes.

Signés : H. POUMAYRAC, PONS, Commis-Greffier.

Le huitième desdits témoins assigné par exploit de Payré, huissier à Perpignan, dont il nous a représenté la copie revêtue des formalités légales, après
serment par lui prêté de dire vérité, a dit s'appeler :

8. FEVRET (Etienne), tailleur, âgé de trente-huit ans,

domicilié à Estagel, ni parent, ni allié, serviteur ni domestique d'aucune des
parties, et sur les faits contenus au dispositif du susdit jugement, dont lecture
lui a été donnée, a déposé ainsi qu'il suit :

Le trente-un octobre au matin, ayant entendu battre le rappel, je me
rendis sur la place. Le commandant de la Garde nationale, Constantin
Lloubes, en me voyant venir, se mit à dire : « Nous aurons au moins un
officier. » Il me donna l'ordre de remplacer le capitaine, qui était absent,
et me commanda de faire mettre les hommes sur deux rangs pour composer
un poste. Je réunis ainsi de vingt à vingt-quatre hommes, je crois, et les
conduisis à la Mairie. A quelques temps de là, vers huit heures ou
huit heures et demie, sans que je puisse exactement préciser, M. le Maire
vint me trouver et me dit de prendre des hommes pour les mettre en faction
devant la porte de plusieurs citoyens de la commune.

Le Maire vint avec moi placer les sentinelles, nous en plaçâmes ainsi une
douzaine. M. le Maire donna pour consigne à ces factionnaires de ne pas

laisser sortir le chef de famille ou l'individu que chacun d'eux était chargé de garder ; mais que les autres personnes de la maison, les femmes, les enfants devaient avoir toute leur liberté et ne devaient pas être gênés, soit pour entrer, soit pour sortir de leur demeure. Lorsque je plaçai ces factionnaires, aucun d'eux n'avait le fusil chargé ; mais, le soir du même jour, j'appris qu'en relevant les factionnaires, celui qui quittait la faction remettait à son remplaçant un fusil chargé.

Je crois qu'à cette heure-là, la plupart des factionnaires de ce genre avaient leur fusil chargé.

J'ignore par qui et de quelle manière les armes avaient été chargées. Il ne m'avait pas été remis de cartouches et jamais je n'en ai distribué à mes hommes.

Du nombre des individus surveillés ou gardés à vue, était Bourdanel. Au bout d'un certain temps, après que les sentinelles eurent été placées aux portes, M. le Maire vint afficher dans l'intérieur du corps de garde et à côté du rate-lier d'armes, la liste de tous les citoyens qui avaient des factionnaires à leur porte. Cette liste ne portait aucun intitulé et n'avait d'autre but, je crois, que de faciliter le service afin que le caporal ne put se tromper et n'oubliât pas de relever quelqu'un des factionnaires.

Sur l'interpellation de Me Auberge, demandant au témoin s'il n'a pas remarqué que la population d'Estagel était animée de sentiments hostiles vis-à-vis des citoyens qui avaient été gardés à vue, et si, préalablement à cette mise en état d'arrestation, la population ne menaçait pas de se porter à des extrémités vis-à-vis de ceux-ci ; le témoin répond :

Je n'ai pas remarqué que le peuple proférât des menaces soit contre Bour-danel, soit contre les autres.

Je ne me suis pas rendu compte du motif qui faisait agir M. le Maire lorsqu'il m'ordonnait de placer des factionnaires à la porte de ces gens-là. Je ne lui ai pas demandé dans quel but il agissait ainsi. J'ai entendu dire que c'était Louis Camps qui avait fait battre le rappel. J'ai entendu dire également qu'avant que le rappel ne fut battu, des factionnaires avaient été placés aux issues du village, mais je n'ai rien vu par moi-même.

Lecture faite, a persisté et signé.

Taxé neuf francs cinquante centimes.

Signés : H. POUMAYRAC, E. FEVRET, PONS, Commis-Greffier.

Le neuvième desdits témoins, assigné par exploit de Payré, huissier à Perpignan, dont il nous a représenté la copie revêtue des formalités légales, après serment par lui prêté de dire vérité, a dit s'appeler :

9. RAYNAL (Joseph), âgé de soixante-quatorze ans, propriétaire,

domicilié à Estagel, ni parent, ni allié, ni serviteur, ni domestique d'aucune des parties, et sur les faits contenus au dispositif du susdit jugement, dont lecture lui a été donnée, a déposé oralement ainsi qu'il suit :

Me Auberge, au nom de sa partie, reproche le témoin par le motif qu'il aurait été à une époque, condamné pour avoir apposé sur les murs d'Estagel une affiche diffamatoire contre M. Henri, alors Juge de Paix, et contre sa partie, M. Raymond Camps.

Le témoin, répondant au reproche, a déclaré que dans cette affiche il n'y avait rien de diffamatoire vis-à-vis de M. Camps, et qu'il n'a été condamné, à propos de cette affiche, que pour avoir diffamé M. Henri.

Le trente-un octobre dernier, j'étais à mon jardin, avec un travailleur et des scieurs de long, lorsque j'entendis battre le rappel ; il pouvait être alors six heures et demie du matin. Mon travailleur, qui fait partie de la Garde nationale, se retira pour aller prendre son arme, et je vis les cultivateurs, qui étaient déjà partis pour le travail, s'empresser de rentrer en ville. En sortant de mon jardin, qui est situé à l'extrémité du village, je remarquai sur la route la présence de deux factionnaires en armes de ce côté-là. Il pouvait être, à ce moment, six heures trois quarts ou sept heures du matin. Dans le parcours que je fis pour aller du jardin à la maison, je rencontrai des individus qui

s'agitaient beaucoup, notamment Louis Camps, qui arrêtait au collet les individus qui passaient, en leur disant d'aller prendre leurs fusils ; qu'il fallait
tenir ces gens-là qui avaient voulu les faire fusiller en mil huit cent cinquante-
deux. Il envoya une dizaine d'individus garder la maison de **M. Triquéra.**

Plus tard, je rencontrai le Maire avec les Adjoints qui donnaient des ordres
à des Gardes nationaux. J'ignore où ils les faisaient aller.

Lecture, a persisté et signé.

Taxé neuf francs cinquante centimes.

Signés : H. POUMAYRAC, RAYNAL (Joseph), PONS, Commis-Greffier.

Le dizième desdits témoins, assigné par exploit de Payré, huissier à Perpignan, dont il nous a représenté la copie revêtue des formalités légales, après serment par lui prêté de dire vérité, a dit s'appeler :

**10. COMOLADE-LABORIE (Vincent-Ferréol), âgé de trente-
quatre ans, cultivateur,**

domicilié à Estagel, ni parent, ni allié, ni serviteur, ni domestique d'aucune des
parties et sur les faits contenus au dispositif du susdit jugement, dont lecture lui
a été donnée, a déposé oralement ainsi qu'il suit :

Le trente-un octobre dernier, vers dix heures du matin, je crois, voyant
passer un groupe de Gardes nationaux, je me joignis à eux ; nous n'étions pas
encore sortis du village, lorsque M. le Maire appela son beau-frère, **M. Henri
Fornè**, en lui disant de nous accompagner, d'amener Izard à la Mairie et de
veiller à ce qu'il ne lui fût fait aucun mal, nous nous dirigeâmes vers la métairie Cayrol, mais ayant rencontré Izard, avant d'arriver à ce lieu, nous nous
emparâmes de lui et le conduisîmes à la Mairie d'Estagel.

Lecture faite, a persisté et ne sait signer.

Taxé neuf francs cinquante centimes.

Signés : H. POUMAYRAC, PONS, Commis-Greffier.

Le onzième desdits témoins, assigné par exploit de Payré, huissier à Perpignan, dont il nous a représenté la copie revêtue des formalités légales, après serment par lui prêté de dire vérité, a dit s'appeler :

11. AUGUSTY (Michel), cordonnier, âgé de trente-cinq ans,

domicilié à Estagel, ni parent, ni allié, ni serviteur, ni doméstique d'aucune des parties et sur les faits contenus au dispositif du susdit jugement, dont lecture lui a été donnée, a déposé oralement ainsi qu'il suit :

Le trente-un octobre, au matin, avant que le rappel ne fût battu, je rencontrai devant sa porte, le nommé Louis Camps qui tenait un papier à la main, il me demanda si j'avais connaissance de la dépêche annonçant la capitulation de Metz ; je le suivis jusque sur la place ; il voulait faire appeler M. le Maire, mais, comme je ne partageai pas sa manière de voir, il me dit qu'il allait chercher le Commandant de la Garde nationale. J'ignore qui a fait battre le rappel quelques instants après.

Sur l'interpellation de Mᵉ Auberge si le témoin a connaissance de ce qui s'est passé, après le départ de M. le Préfet, il ajoute : Lorsque, après le départ de M. le Préfet, je fus rentré au poste de la Mairie, je vis un groupe nombreux d'individus et de Gardes nationaux qui menaçaient et invectivaient M. le Maire ; ils étaient irrités contre lui, parce que les prisonniers avaient été mis en liberté.

Je vis M. le Maire monter à la Mairie, tenant son écharpe à la main, et offrant de la remettre à qui la voudrait.

J'ai entendu dire, par plusieurs personnes, que M. le Maire avait été frappé sur la place et qu'il avait reçu des coups de crosse de fusil. Devant le Maire, j'avais remarqué un individu qui était tellement exaspéré qu'il avait proféré ces paroles : « Si le Maire était là, je-lui...... un coup de fusil. »

Lecture, a persisté et signé.

Taxé neuf francs cinquante centimes.

Signés : H. Poumayrac, Pons, Commis-Greffier, Augusty.

Le douzième desdits témoins, assigné par exploit de Payré, huissier à Perpignan, dont il nous a représenté la copie revêtue des formalités légales, après·serment par lui prêté de dire vérité, a dit s'appeler :

12. NUIXE (François), âgé de quarante-six ans, cultivateur,

domicilié à Estagel, ni parent, ni allié, serviteur ni domestique d'aucune des parties, et sur les faits contenus au dispositif du susdit jugement, dont lecture lui a été donnée, a déposé oralement ainsi qu'il suit :

Le trente-un octobre dernier, je fus placé en faction par mon caporal, le nommé Ngnou ; il me plaça en faction à la porte de la maison du nommé Izard ; il me donna pour consigne d'empêcher la femme d'Izard de sortir, jusqu'à ce que son mari fût rentré, ajoutant qu'après que celui-ci serait rentré, je pourrais laisser sortir et entrer librement la femme de celui-ci. M. le Maire accompagnait le caporal qui me donna cette consigne.

Lecture, a persisté et a déclaré ne savoir signer.

Taxé neuf francs cinquante centimes,

Signés : H. Poumayrac, Pons, Commis-Greffier.

Le treizième desdits témoins, assigné par exploit de Payré, huissier à Perpignan, dont il nous a représenté la copie revêtue des formalités légales, après serment par lui prêté de dire vérité, a dit s'appeler :

13. TRIQUÈRA-AVÉROS (Joseph), âgé de trente-six ans, peseur public,

domicilié à Estagel, ni parent, ni allié, serviteur, ni domestique d'aucune des parties, et sur les faits contenus au dispositif du susdit jugement, dont lecture lui a été donnée, a déposé oralement ainsi qu'il suit :

Le trente-un octobre dernier je fus placé, par M. le Maire et le lieutenant Fevret, en faction à la porte de Pierre Bourdanel. On me donna pour consigne de ne pas le laisser sortir, mais de laisser circuler librement sa femme et ses enfants. Lorsque je pris la faction, Bourdanel n'était pas chez lui, **M.** le Maire donna l'ordre à sa femme d'aller le chercher et de le ramener à la maison ce qui fut fait.

Sur l'interpellation de **M**ᵉ Auberge, le témoin déclare qu'il n'avait pas reçu ordre de tirer sur Bourdanel, s'il tentait de sortir ; qu'il n'avait pas son fusil chargé et n'avait reçu aucune cartouche.

Lecture, a persisté et a dit ne savoir signer.

                Signés : H. Poumayrac, Pons, Commis-Greffier.

Le quatorzième desdits témoins, assigné par exploit de Payré, huissier à Perpignan, dont il nous a représenté la copie revêtue des formalités légales, après serment par lui prêté de dire vérité, a dit s'appeler :

14. BERGUE (Antoine), âgé de trente ans, roulier,

cousin-germain de la femme de M..Raymond Camps, et sur les faits contenus au dispositif du susdit jugement, dont lecture lui a été donnée, a déposé oralement ainsi qu'il suit :

Le trente-un octobre dernier, j'ai été chargé comme caporal de relever les factionnaires qui avaient été placés aux portes de certaines maisons. Je sais qu'un factionnaire avait été placé à la porte du sieur Graule, pendant que celui-ci était absent et qu'il avait reçu pour consigne de ne pas laisser sortir la femme jusqu'à la rentrée du mari. Le premier factionnaire avait été placé à cette porte par **M.** le Maire.

Lecture faite, a persisté et a dit ne savoir signer.

Taxé neuf francs cinquante centimes.

                Signés : Antoine Bergue, H. Poumayrac, Pons, Commis-Greffier.

Le quinzième desdits témoins, assigné par exploit de Payré, huissier à Perpignan, dont il nous a représenté la copie, après serment par lui prêté de dire vérité, a dit s'appeler :

15. CALVET (Alexandre), âgé de vingt-six ans, boulanger,

domicilié à Estagel, ni parent, ni allié, serviteur, ni domestique d'aucune des parties, et sur les faits contenus au dispositif du susdit jugement, dont lecture lui a été donnée, a déposé oralement ainsi qu'il suit :

Le trente-un octobre dernier, je fus placé dans l'après-midi, en faction devant la porte de la maison de **M.** Gonsalvo. J'avais reçu pour consigne de ne laisser sortir personne, si ce n'est la servante.

Un Espagnol, **M.** Guy et sa femme s'étant présentés sur sa porte pour sortir ; je leur déclarai qu'ils devaient rester chez eux.

Lecture, a persisté et a dit ne savoir signer.

Taxé neuf francs cinquante centimes.

Signés : Alexandre CALVET, H. POUMAYRAC, PONS, Commis-Greffier.

Le seizième desdits témoins, assigné par exploit de Payré, huissier à Perpignan, dont il nous a représenté la copie revêtue des formalités légales, après serment par lui prêté de dire vérité, a dit s'appeler :

16. DAGER (Joseph), dit Ngnou, âgé de cinquante-neuf ans,
cultivateur,

domicilié à Estagel, ni parent, ni allié, serviteur, ni domestique d'aucune des parties, et sur les faits contenus au dispositif du susdit jugement, dont lecture lui a été donnée, a déposé oralement ainsi qu'il suit :

Le trente-un octobre dernier, je fus placé par **M.** le Maire en faction à la porte du sieur Gony, avec la consigne de ne pas laisser sortir cet individu et de laisser aller et venir librement sa femme et ses enfants ; **M.** le Maire ne m'avait pas donné ordre de croiser la bayonnette sur le sieur Gony, s'il essayait d'enfreindre la consigne.

Lecture faite, a persisté et a dit ne savoir signer.

Taxé neuf francs cinquante centimes.

Signés : H. POUMAYRAC, PONS, Commis-Greffier.

Après l'audition de ce témoin et vu l'heure tarde ;

Nous, Juge-Commissaire, avons renvoyé la continuation de la présente enquête à demain vingt-trois août courant, neuf heures du matin.

De tout quoi a été dressé le présent procès-verbal, auquel nous avons vaqué pour triple vacation et qui a été signé par toutes les parties, leurs avoués, nous et notre greffier.

Signés : Raymond Camps, P. Bourdanel, Eug. Auberge, E. Tarbouriech, H. Poumayrac, Pons, Commis-Greffier.

L'an mil huit cent soixante-onze et le vingt-trois août, à neuf heures du matin, dans une des salles du Palais de Justice à Perpignan.

Nous, Juge-Commissaire susdit, en continuation des opérations commencées le vingt-deux du courant, et en présence des parties en cause et de leurs avoués, avons procédé, assisté du sieur Fortuné Peyre, commis-greffier assermenté, à l'audition des témoins assignés, lesquels ont été entendus oralement et séparément l'un de l'autre ainsi qu'il suit :

Le dix-septième desdits témoins, assigné par exploit de Payré, huissier à Perpignan, dont il nous a représenté la copie revêtue des formalités légales, après serment par lui prêté de dire vérité, a dit s'appeler :

17. PONS (Jean), âgé de trente ans, charretier,

domicilié à Estagel, n'être parent, ni allié, serviteur, ni domestique d'aucune des parties, et sur les faits contenus au dispositif du susdit jugement, dont lecture lui a été donnée, a déposé oralement ainsi qu'il suit :

Le premier novembre dernier, un perruquier d'Estagel vint au poste de la Garde nationale de la Mairie dont je faisais partie. Il était porteur d'un billet et dit au capitaine qu'il avait l'autorisation d'aller faire la barbe à Bourdanel et à Jalabert. Le capitaine me désigna pour l'accompagner au domicile de ces deux individus. Je n'avais reçu aucune consigne, en sortant du poste, si ce n'est d'accompagner le barbier. Bourdanel m'engagea à prendre la goutte avec lui et nous causâmes ensemble avec lui et le barbier de choses indifférentes.

Sur l'interpellation de M⁶ Auberge, le témoin déclare que, le premier novembre, vers sept heures du matin, il fut mis en faction par M. Louis Camps sur le pont de la rivière, avec la consigne de ne laisser passer personne, sans une autorisation de la Mairie.

Lecture, persiste, ne sait signer.

Taxé onze francs cinquante centimes.

Signés : H. POUMAYRAC, PEYRE, Commis-Greffier.

Le dix-huitième desdits témoins, assigné par exploit de Payré, huissier à Perpignan, dont il nous a représenté la copie revêtue des formalités légales, après serment par lui prêté de dire vérité, a dit s'appeler :

18. AVÉROS-ANDRILLO (Joseph), âgé de trente-sept ans, perruquier,

domicilié à Estagel, n'être parent ni allié, serviteur, ni domestique d'aucune des parties, et sur les faits contenus au dispositif du susdit jugement, dont lecture lui a été donnée, a déposé oralement comme suit :

Le premier novembre dernier, Bourdanel me fit appeler pour aller le raser ; j'avais été également appelé dans le même but par le nommé Jalabert. Je passai à la Mairie pour demander l'autorisation, sachant qu'il y avait deux factionnaires à la porte de ces individus et qu'on ne laissait pas entrer chez eux. M. le Maire me donna un billet que je remis au Commandant du poste, et celui-ci me fit accompagner par un Garde national en armes, qui resta avec moi tout le temps que je rasai Bourdanel et aussi Jalabert. J'ignore s'il avait reçu d'autre consigne, mais le fait est qu'il ne m'empêcha pas de causer avec ces individus gardés à vue.

Sur l'interpellation de M⁶ Auberge, le témoin déclare que Bourdanel lui a dit qu'il n'en voulait pas à M. le Maire, mais qu'il ne peut préciser l'époque à laquelle ce propos a été tenu. Sur l'interpellation de M⸢e⸣ Tarbouriech, cherchant à rappeler et à fixer les souvenirs du témoin, celui-ci ajoute que ce propos fut tenu par Bourdanel à raison de ce qu'on ne lui avait pas délivré d'arme et à une époque antérieure à son arrestation.

Lecture faite, persiste, signe.

Taxé onze francs cinquante centimes.

       Signés : Avéros (Joseph), H. Poumayrac, Peyre, Commis-Greffier.

Le dix-neuvième desdits témoins, assigné par exploit de Payré, huissier à Perpignan, dont il nous a représenté la copie revêtue des formalités légales, après serment par lui prêté de dire vérité, a dit s'appeler :

19. DAGER-AVÉROS (André), dit la France, âgé de trente-six ans, cultivateur,

domicilié à Estagel, n'être parent, ni allié, serviteur, ni domestique d'aucune des parties, et sur les faits contenus au dispositif du susdit jugement, dont lecture lui a été donnée, a déposé oralement comme il suit :

Le trente-un octobre dernier, M. le Maire me plaça en faction à la porte du sieur Dhers, avec la consigne de ne pas laisser sortir celui-ci, et de laisser aller et venir librement les femmes et les enfants. Il ne me dit point de tirer sur Dhers s'il essayait de sortir ; mon fusil n'était pas chargé. La maison dans laquelle loge le sieur Dhers, appartient à Étienne Forné.

Le Maire, en me plaçant à mon poste, me dit que Forné était dehors ; que, lorsqu'il serait rentré, je devais le laisser aller et venir librement ; que la consigne ne s'appliquait qu'à Dhers.

Lecture faite, persiste, ne sait signer.

Taxé onze francs cinquante centimes.

       Signés : H. Poumayrac, Peyre, Commis-Greffier.

Le vingtième desdits témoins, assigné par exploit de Payré, huissier à Perpignan, dont il nous a représenté la copie revêtue des formalités légales, après serment par lui prêté de dire vérité, a déclaré s'appeler :

20. MAROT (Baptiste), dit Parrouch, âgé de trente-six ans, cultivateur,

domicilié à Estagel, n'être parent, ni allié, serviteur, ni domestique d'aucune des parties, et sur les faits contenus au dispositif du susdit jugement, dont lecture lui a été donnée, a déposé oralement comme il suit :

Le trente un octobre dernier, mon sergent de la Garde nationale me plaça en faction à la porte du nommé Poumayrol, en m'ordonnant de ne pas le laisser sortir et de laisser, au contraire, circuler librement les autres personnes de la maison. Poumayrol s'étant présenté sur la porte, je lui dis qu'il était défendu de sortir, que je ne lui voulais pas de mal, et il rentra.

Sur l'interpellation de Me Auberge, le témoin répond qu'il a vu dans la salle du poste une liste affichée et que cette liste est la même que celle qui lui est représentée.

Sur l'interpellation de Me Tarbouriech, comment le témoin peut reconnaître cette affiche, du moment qu'il ne sait pas lire ? Ledit Marot répond qu'il la reconnaît à la forme et à la dimension.

Lecture faite, persiste, ne sait signer.

Taxé dix-huit francs.

Signés : H. POUMAYRAC, PEYRE, Commis-Greffier.

Le vingt-unième desdits témoins, assigné par exploit de Payré, huissier à Perpignan, dont il nous a représenté la copie revêtue des formalités légales, après serment par lui prêté de dire vérité, a dit s'appeler :

21. GRALET (Jacques), âgé de trente-neuf ans, menuisier,

domicilié à Estagel, n'être parent, ni allié, serviteur, ni domestique d'aucune des parties, et sur les faits contenus au dispositif du susdit jugement, dont lecture lui a été donnée, a déposé oralement comme il suit :

Le trente-un octobre dernier, dans l'après-midi, mon caporal m'emmena relever le factionnaire qui était à la porte de Bourdanel. Je reçus pour consigne de ne pas laisser sortir celui-ci et de laisser aller librement les autres personnes de la maison. On ne me dit point de tirer sur Bourdanel s'il tentait de sortir. Mon fusil n'était pas chargé, je n'avais pas de cartouches. Je fus aussi, dans la même journée, placé en faction à la porte de Gonsalvo. La consigne fut la même.

Sur l'interpellation de M⁰ Auberge, le témoin déclare que, le premier novembre, dans la matinée, tandis qu'il était en faction devant la porte de M. Gonsalvo, il a vu Étienne Forné balayer le devant de sa maison.

Sur une nouvelle interpellation de M⁰ Auberge, le témoin ajoute qu'il a vu une affiche au crayon apposée dans le corps-de-garde et que cette affiche est bien celle qui lui est représentée.

Lecture faite, persiste et signe.

Taxé onze francs cinquante centimes.

Signés : GRALET, H. POUMAYRAC, PEYRE, Commis-Greffier.

Le vingt-deuxième desdits témoins, assigné par exploit de Payré, huissier à Perpignan, dont il nous a représenté la copie revêtue des formalités légales, après serment par lui prêté de dire vérité, a dit s'appeler :

22. FABRE-SABARTHÉS (François), âgé de trente-huit ans, cultivateur,

domicilié à Estagel, n'être parent, ni allié, serviteur, ni domestique d'aucune des parties, et sur les faits contenus au dispositif du susdit jugement, dont lecture lui a été donnée, a déposé oralement comme il suit :

Je n'ai été mis en faction sur aucun point de la ville dans la journée du trente-un octobre dernier.

Sur l'interpellation de M⁰ Tarbouriech, le témoin ajoute revenant sur la première déclaration : Il est vrai que j'ai été mis en faction à la porte de M. Triquéra, dans la soirée du 31 octobre. Le factionnaire que je relevai, me transmit la consigne de laisser sortir les gens de service de la maison et Mᵐᵉ Triquéra, si elle voulait sortir.

Le lendemain, j'ai été en faction à la porte du sieur Antonin Graule avec la consigne de ne pas laisser sortir celui-ci et de laisser entrer toutes les personnes qui se présenteraient, parce que Graule est forgeron. J'ai été aussi placé en sentinelle à la porte du nommé Poumayrol.

Sur l'interpellation de Mᵉ Auberge, le témoin dépose encore : Le deux novembre, lorsque M. le Préfet est reparti pour Perpignan, après avoir fait mettre les prisonniers en liberté, une partie de la population s'est révoltée contre le Maire, disant qu'il était en faute, parce qu'il était cause que les prisonniers avaient été délivrés. On cria beaucoup contre lui, en l'accompagnant jusqu'à la Mairie. Je n'ai pas vu que personne l'ait frappé dans cette circonstance et je ne l'ai pas non plus entendu dire.

Lecture faite, persiste, signe.

Taxé onze francs cinquante centimes.

Signés : FABRE (François), H. POUMAYRAC, PEYRE, Commis-Greffier.

Le vingt-troisième desdits témoins, assigné par exploit de Payré, huissier à Perpignan, dont il nous a représenté la copie revêtue des formalités légales, après serment par lui prêté de dire vérité, a dit s'appeler :

23. CALVET (Sylvain), âgé de soixante ans, maréchal-ferrant,

domicilié à Estagel, n'être parent, ni allié, serviteur, ni domestique d'aucune des parties, et sur les faits contenus au dispositif du susdit jugement, dont lecture lui a été donnée, a déposé oralement ainsi qu'il suit :

Le trente-un octobre dernier, mon lieutenant m'a fait placer de faction, vers huit heures du matin, à la porte du nommé Graule, avec la consigne de ne pas laisser sortir celui-ci. Pendant ma faction je n'ai pas vu Graule. J'ai vu sa femme et sa fille que je laissai sortir librement, ma consigne ne se rapportant point à elles.

Lecture faite, a persisté, ne sait signer.

Taxé onze francs cinquante centimes.

Signés : H. POUMAYRAC, PEYRE, Commis-Greffier.

Le vingt-quatrième desdits témoins assigné par exploit de Payré, huissier à Perpignan, dont il nous a représenté la copie revêtue des formalités légales, après serment par lui prêté de dire vérité, a dit s'appeler :

24. LOMAGNE (Etienne), âgé de quarante ans, cultivateur,

domicilié à Estagel, n'être ni parènt, ni allié, ni serviteur, ni domestique d'aucune des parties et sur les faits contenus au dispositif du susdit jugement, dont lecture lui a été donnée, a déposé oralement comme il suit :

Le trente-un octobre dernier, dans l'après-midi, j'ai été mis en faction devant la maison Triquéra, je n'avais d'autre consigne que de ne pas laisser sortir celui-ci. Le lendemain j'ai été de faction devant la maison du sieur Bardy, avec une consigne semblable. On ne m'avait pas dit de tirer sur les prisonniers s'ils venaient à forcer la consigne, on ne m'avait pas donné des munitions, mon fusil n'était pas chargé.

Lecture faite, persiste, ne sait signer.

Taxé onze francs cinquante centimes.

Signés : H. POUMAYRAC, PEYRE, Commis-Greffier.

Un des témoins assignés, le sieur Jules Sautés, négociant, domicilié à Estagel, se trouvant malade, Me Tarbouriech, au nom de sa partie, demande de renvoyer l'audition de ce témoin à samedi prochain, vingt-six août courant.

Nous, Juge-Commissaire, vu la non opposition de Me Auberge, avons renvoyé la continuation de la présente enquête au vingt-six août courant.

6

De tout quoi a été dressé le présent, auquel nous avons vaqué par double vacation et qui a été signé par les parties, leurs avoués, nous et notre Greffier.

Signés : R. Camps, P. Bourdanel, E. Auberge, E. Tarbouriech,

H. Poumayrac, Peyre, Commis-Greffier.

L'an mil huit cent soixante-onze et le vingt-six août, huit heures et demie du
matin, dans une des salles du Palais de Justice à Perpignan.

Nous, Juge-Commissaire susdit, en continuation des opérations commencées le
vingt-trois août courant et en présence des parties en cause et de leurs avoués
avons procédé, assisté du sieur Fortuné Peyre, commis-greffier assermenté, à l'audition du témoin assigné lequel a été entendu oralement de la manière suivante :

Le vingt-cinquième desdits témoins assigné par exploit de Payré, huissier à
Perpignan, dont il nous a représenté la copie revêtue des formalités légales,
après serment par lui prêté de dire vérité, a dit s'appeler :

25. SAUTÈS (Jules), âgé de vingt-sept ans, négociant,

domicilié à Estagel, n'être parent, ni allié, serviteur, ni domestique d'aucune des
parties, et sur les faits contenus au dispositif du susdit jugement, dont lecture
lui a été donnée, a déposé oralement comme il suit :

Le trente-un octobre dernier, vers dix ou onze heures du matin, un groupe
d'individus est venu m'accoster sur la place d'Estagel, où je me trouvais, et
m'a demandé, sans que je puisse dire quels sont ceux qui m'ont fait cette
demande, si je voulais me joindre à eux pour aller arrêter Izard, qui se trouvait
à une métairie sur le territoire de la commune de Maury. Je suis allé prendre
mon fusil et me suis réuni à ces individus ; cette petite troupe était commandée
par Henri Forné. Arrivés à l'embranchement de la route de Tautavel, nous
rencontrâmes Izard et nous le conduisîmes à la Mairie d'Estagel.

Sur l'interpellation de M⁰ Auberge, le témoin déclare qu'ils rencontrèrent
le Maire, près de la Maison Vigo, que celui-ci leur demanda où ils allaient.

Plusieurs, sans que je puisse dire quels étaient ceux-là, lui répondirent à la fois, que nous allions arrêter Izard. Le Maire dit alors à Henri Forné d'amener cet homme à la Mairie et de veiller à ce qu'on ne le lui fît pas de mal ; Forné auparavant était à promener avec moi sur la place et il partit en même temps que moi.

Sur notre interpellation, le témoin déclare que lorsque le Maire les rencontra devant la maison Vigo, il ne leur demanda pas qui avait donné l'ordre d'arrêter Izard.

Le témoin, interrogé sur le degré de parenté d'Henri Forné avec Raymond Camps, répond qu'ils sont beaux-frères.

Lecture faite, persiste et signe.

Taxé onze francs cinquante centimes.

Signés : SAUTÉS (Jules), H. POUMAYRAC, PEYRE, Commis-Greffier.

De tout quoi a été dressé le présent procès-verbal qui a été signé, par les parties, leurs avoués, nous et notre greffier, après y avoir vaqué pendant une vacation.

Signés : R. CAMPS, P. BOURDANEL, E. TARBOURIECH, Eug. AUBERGE, H. POUMAYRAC, PEYRE, Commis-Greffier.

Enregistré à Perpignan, le treize septembre mil huit cent soixante-onze, folio cent treize, case cinq. Reçu en principal et décimes, pour droits d'enregistrement, trois francs quarante-cinq centimes ; pour droits de greffe, quatorze francs quarante-quatre centimes. L'attribution du Greffier est de un franc trente-sept centimes et demi.

Signé : DUCOURNEAU.

Pour expédition :
J. LAFONT, Greffier.

CONTRAIRE ENQUÈTE.

M. POUMAYRAC, Juge, Mes AUBERGE et TARBOURIECH

Avoués.

III.

Contraire Enquête.

EXTRAIT des minutes du Greffe du Tribunal de première instance de l'arrondissement de Perpignan, département des Pyrénées-Orientales.

L'an mil huit cent. soixante-onze et le deux août, pardevant Nous, Henri Poumayrac, juge près le Tribunal civil de Perpignan, commis pour procéder à l'enquête dont il va être parlé, étant en la Chambre du Conseil, assisté de notre greffier.

A comparu M° Auberge, avoué près ce Tribunal et du sieur Raymond Camps, propriétaire, domicilié à Estagel, lequel nous a dit que, par jugement de la section civile du Tribunal en date du 13 juin dernier, enregistré, rendu contradictoirement entre le sieur Pierre Bourdanel, négociant, domicilié à Estagel et le sieur Raymond Camps, il a été ordonné, avant faire droit, que ledit sieur Camps ferait la preuve contraire des faits articulés par le sieur Bourdanel et la preuve directe des faits par lui articulés et qui sont énoncés audit jugement. Qu'il s'agit de procéder aux enquêtes ordonnées ; qu'en conséquence, il nous invite à déclarer ouvert notre procès-verbal d'enquête et à lui délivrer, séparément des présentes, au pied de la requête qu'il nous a présentée, notre ordonnance indiquant les jour, lieu et heure auquel il serait procédé par nous à l'audition des témoins que ledit sieur Camps se propose de faire entendre ; des quelles comparutions, dire et réquisitions nous avons donné acte audit Mᵉ Auberge. En conséquence, nous avons déclaré ouvert notre procès-verbal d'enquête , et délivré audit Mᵉ Auberge, séparément des présentes, notre ordonnance portant que les témoins seraient assignés pour être entendus le 26 du courant, à 9 heures du matin, dans une des salles du Palais de Justice à Perpignan, et avons signé avec ledit Mᵉ Auberge et le greffier.

Signés : E. AUBERGE, licencié-avoué. H. POUMAYRAC, PONS.

L'an mil huit cent soixante-onze et le vingt-six août à neuf heures du matin, dans une des salles du Palais de Justice à Perpignan.

Pardevant Nous, Henri Poumayrac, juge commis à cet effet par jugement du Tribunal en date du treize juin dernier, enregistré, assisté de notre greffier.

A comparu le sieur Raymond Camps, propriétaire, domicilié à Estagel, assisté de Mᵉ Auberge, son avoué, lequel nous a dit qu'en vertu de notre ordonnance du deux courant, il a, suivant exploit de Payré, huissier à Perpignan, en date du vingt-deux du courant, enregistré, fait donner assignation au sieur Pierre Bour-danel, négociant à Estagel, à comparaître, à ces jour, lieu et heure, pour être présent, si bon lui semble, à l'audition des témoins qui doivent être entendus et proposer contre eux les reproches qu'il croira devoir articuler, que par acte du Palais, en date du même jour, aussi enregistré, il a fait sommer Mᵉ Tarbouriech, avoué adverse, d'assister à l'audition des témoins, et enfin, que par exploit de Payré, huissier à Perpignan, en date du vingt-quatre courant, il a fait citer les témoins qu'il se propose de faire entendre.

Et attendu la présence des parties et de leurs avoués, ainsi que des témoins, le sieur Camps conclut à ce qu'il nous plaise procéder à l'audition des témoins, ainsi qu'il suit :

Et nous, Juge-Commissaire, ayant donné acte aux parties et à leurs avoués de leur comparution, nous avons procédé à l'audition des témoins ainsi qu'il suit :

Le premier des deux témoins assigné par l'exploit de Payré, huissier à Perpignan, dont il nous a représenté la copie revêtue des formalités légales, après serment par lui prêté de dire vérité, a dit s'appeler :

1. CAZENOVE (François), âgé de quarante-quatre ans, boucher,

domicilié à Estagel, n'être parent, ni allié, ni serviteur, ni domestique d'aucune
des parties, et sur les faits contenus au dispositif dudit jugement, dont lecture
lui a été donnée, a déposé oralement ainsi qu'il suit :

Le trente-un octobre, vers cinq heures et demie du matin, ayant entendu
battre le rappel, je me rendis sur la Place où je trouvais d'autres Gardes
nationaux déjà arrivés. Un instant après, je vis venir le Commandant de la
Garde nationale, Constantin Llobbes ; on se demanda les uns aux autres, si
M. le Maire était sur la Place, on répondit que le Maire n'était pas encore
levé, le Maire arriva, sans que je puisse dire s'il avait été appelé et, avec le
Commandant de la Garde nationale, forma un poste pour occuper la Mairie.
Je ne fus pas appelé pour faire partie de ce poste ; ma femme étant malade,
je rentrai chez moi et ne vis rien des faits qui se passèrent dans la journée ;
le deux novembre, après le départ de M. le Préfet, on vint me dire que la
foule insultait le Maire sur la Place, je m'empressai de m'y rendre, je rencontrai
le Maire et cette foule, se dirigeant vers la Mairie, le Maire était avec son
oncle Forné (Bonaventure), la foule criait beaucoup contre le Maire, je ne
pus pas saisir ce qu'on disait, j'adressai quelques paroles à ces gens-là, pour
les inviter au calme et à la modération et chacun se retira insensiblement. En
ma présence le Maire ne fut pas frappé ; j'ai entendu dire qu'il avait reçu sur
la Place, des coups de crosse de fusil ; le Maire fut malade, je suis son voisin,
je ne le vis pas dehors d'une dizaine de jours, on disait qu'il était malade à
la suite des coups qui lui avaient été donnés.

Lecture faite, a persisté et signé.

Taxé neuf francs cinquante centimes.

Signés : CAZENOVE, H. POUMAYRAC, PONS, Commis-Greffier.

Le deuxième desdits témoins assigné par exploit de Payré, huissier à Perpignan, dont il nous a représenté la copie revêtue des formalités légales, après
serment par lui prêté de dire vérité, a dit s'appeler :

2. CONTE (Joseph), âgé de soixante-dix ans, propriétaire,

domicilié à Estagel, n'être parent, ni allié, serviteur, ni domestique d'aucune des parties, et sur les faits contenus au dispositif du susdit jugement, dont lecture lui a été donnée, a déposé oralement comme suit :

Je ne sais rien des faits qui se sont accomplis à Estagel dans la journée du trente-un octobre, le lendemain, vers neuf heures ou neuf heures et demie du matin, l'adjoint Victor Cazenove, vint chez moi et me pria d'un air tout attristé de passer à la Mairie.

Je vis beaucoup de monde soit aux abords de la Mairie, soit dans l'escalier.

Arrivé dans la salle, le Maire et les Conseillers municipaux me dirent qu'ils m'avaient fait appeler *pour me dire qu'il avait été décidé qu'on ferait des perquisitions pour chercher des dépôts d'armes qu'on disait exister dans certaines maisons.* Je blâmai très-fort cette mesure ; la chose était arrêtée, ma protestation ne servit à rien. J'émis l'avis qu'il serait bon d'appeler M. le Juge de Paix pour donner à cette mesure comme un caractère de légalité et aussi pour que sa présence au milieu des personnes chargées de faire les visites domiciliaires pût prévenir tout excès quelconque ; de mon côté, je me joignis au cortége qui allait participer aux perquisitions, et j'étais notamment présent aux visites domiciliaires faites chez Triquéra, Baudy et Jalabert ; puis, voyant que tout se faisait avec ordre et avec calme, je me retirai :

Le soir, ayant appris qu'il y avait une réunion à la Mairie, je m'y rendis de nouveau comme le matin. Je trouvai aux abords de la Mairie, une foule bruyante et animée. Le Maire et les Conseillers municipaux étaient déjà réunis. On me dit que le *peuple* demandait que les prisonniers fussent conduits à Perpignan sous une escorte de Gardes nationaux. Nous fûmes tous unanimement d'avis qu'il fallait écrire à M. le Préfet pour le prévenir que six personnes avaient été arrêtées dans l'intérêt de leur conservation personnelle et de vouloir bien lui-même disposer des prisonniers.

7

Je dictai moi-même à M. le Maire, une lettre dans laquelle était exprimée cette opinion.

Soit le soir, soit le matin, j'avais remarqué que le Maire et les Conseillers municipaux agissaient sous la pression d'une partie quelconque de la population.

Le deux novembre le Préfet arriva à Estagel avec le Maire, je me trouvai à la Mairie lorsqu'il vint visiter les prisonniers, *il leur fit une admonestation sévère,* leur annonça qu'ils allaient être rendus à la liberté et il leur ordonna de quitter immédiatement la commune et de se dissimuler le plus possible. Nonobstant cette invitation, j'aperçus un instant après Bourdanel arrêté sur la place, alors que la Garde nationale était encore en partie sous les armes, je fis à part moi cette réflexion que Bourdanel était très-imprudent. J'ai appris, plus tard, qu'un instant après le départ du Préfet, une partie de la population s'était portée au domicile du Maire, qu'on lui avait reproché d'avoir fait élargir les prisonniers, qu'on l'avait insulté, qu'on lui avait donné des coups, que le Maire s'était ensuite rendu à la Mairie, contraint par la foule qui lui demandait de rendre son écharpe.

Je suppose que c'est l'imprudence de Bourdanel à se montrer à la foule qui a occasionné ce mouvement d'irritation contre le Maire.

Le trois novembre, j'ai appris que M. le Maire était malade par suite des mauvais traitements qu'il avait endurés. J'allai le voir, et il me raconta qu'il avait reçu dans les reins des coups de crosse de fusil et que des gens armés l'avaient menacé de leurs bayonnettes.

Sur l'interpellation de M⁰ Auberge le témoin déclare :

Il est à ma connaissance que la plus grande partie de la population d'Estagel était très-animée contre Bourdanel ; celui-ci est sujet à de grands écarts de langage, il se permet fréquemment d'insulter les personnes ; il a eu mille querelles dans les cafés ; s'il n'était pas sous-commissionnaire en vin, il ne trouverait pas dix portes ouvertes à Estagel; à une époque qui remonte à deux ans environ, me rendant un jour à la poste, je rencontrai Bourdanel qui avait une altercation avec d'autres individus à peu près à la hauteur de l'hôtel Vigo ;

quand il m'aperçut, je l'entendis s'écrier, en me désignant de la main (c'est celui-là qui passe qui est cause de tout, celui qui porte le paletot gris), il n'y avait que moi qui portais un paletot gris et qui passais en ce moment, je ne pouvais pas être plus clairement désigné ; néanmoins, malgré que je sentisse le sang bouillonner dans mes veines, j'eus la force de me contenir. Plusieurs fois, rencontrant Bourdanel dans la rue, celui-ci passant près de moi, il eut l'insolence de me fixer avec insistance en me faisant des gros yeux, qui n'excitaient en moi qu'un sentiment de pitié.

Sur une nouvelle interpellation de M° Auberge, le témoin ajoute :

Le Maire et le Conseil municipal en faisant procéder aux arrestations qui ont eu lieu n'ont eu d'autre but que celui de protéger ces personnes contre la fureur du peuple, si cette mesure n'avait pas été prise, j'ai la conviction qu'il y aurait eu du sang versé.

Lecture faite a persisté et signé.

Taxe neuf francs cinquante centimes.

Signés : J. COMTE, H. POUMAYRAC, PONS Commis-Greffier.

Le troisième desdits témoins assigné par exploit de Payré, huissier à Perpignan, duquel il nous a représenté la copie revêtue des formalités légales, après serment par lui prêté de dire vérité a dit s'appeler :

3. LLOUBES (Constantin), âgé de cinquante-cinq ans, lieutenant en retraite,

n'être parent, ni allié, ni serviteur ni domestique d'aucune des parties, et sur les faits contenus au dispositif du susdit jugement dont lecture lui a été donnée a déposé oralement ainsi qu'il suit :

Le trente-un octobre dernier, *vers six heures et demie du matin*, le nommé Louis Camps, cousin de M. le Maire, vint chez moi, en me disant : Savez-vous ce qui se passe ? Avez-vous connaissance de la reddition de Metz ? Bazaine a trahi, *on se bat à Perpignan*. Je lui répondis que je n'en savais rien, il ajouta alors qu'il faudrait faire battre le rappel, je lui dis que cela ne me regardait pas, que j'avais un chef au-dessus de moi, qui était M. le Maire, que cela le regardait seul, il sortit. Je me rendis bientôt après chez M. le Maire ; en traversant la place, je remarquai un certain mouvement. Je ne fis pas attention si parmi la foule qui s'y trouvait il y avait des hommes en armes, je fus reçu par Mme Camps qui me dit que son mari était encore couché ; je montai dans ses appartements pour causer avec lui et lui faire part de la visite que je venais de recevoir de son cousin ; je descendis bientôt après, et à ce moment-là j'entendis le tambour battre le rappel, je l'avais déjà entendu pendant que je causais avec M. le Maire sur la place. J'aperçus Louis Camps ; je lui demandai s'il avait la dépêche dont il m'avait parlé, il me dit qu'elle était entre les mains d'un nommé Puig, secrétaire de la Mairie ; un instant après il revint avec cette dépêche, et en donna lecture à haute voix ; M. le Maire, vint bientôt après et il fut d'avis de faire doubler le poste. Avant l'arrivée du Maire sur la place je remarquai des groupes de six à huit individus se rendant dans diverses directions ; je ne puis pas dire si ces individus étaient armés ou non. Il y régnait une grande agitation. Ce même jour, vers dix heures du matin, le Maire me fit appeler et me dit qu'il me faudrait aller à Perpignan, avec une députation pour apporter des munitions. Je lui répondis que ce n'était pas là l'affaire du commandant, mais que s'il le voulait je désignerais un officier pour faire ce service. Le Maire ne m'ayant donné aucun ordre je ne désignai pas d'officier ; j'ai entendu dire que le lieutenant Gary, l'adjoint Victor Cazenove, le Garde national Louis Camps, et un autre y étaient allés.

Lecture faite, a persisté et signé.

Taxé neuf francs cinquante centimes.

Signés : LLOUBES, H. POUMAYRAC, PONS, Commis-Greffier.

Le quatrième desdits témoins assigné par exploit Payré, huissier à Perpignan, dont il m'a représenté la copie revêtue des formalités légales, après serment par lui prêté de dire vérité a dit s'appeler :

4. TRICOIRE (Joseph), âgé de soixante-trois ans, cultivateur,

domicilié à Estagel, n'être parent, ni allié, serviteur ni domestique d'aucune des parties et sur les faits contenus au dispositif du sus-dit jugement, dont lecture lui a été donnée, a déposé oralement ainsi qu'il suit :

Le trente-un octobre dernier au matin, comme je revenais de porter un voyage de fumier à mon champ, je rencontrai Louis Camps qui me dit d'aller prendre le tambour et d'aller battre le rappel de la Garde nationale ; je me rendis chez le Commandant Constantin Lloubes, je le trouvai descendant l'escalier, je lui dis que Louis Camps m'avait ordonné de battre le rappel ; celui-ci me dit alors d'aller prendre le tambour et de venir l'attendre sur la place. J'arrivai jusque chez moi, je mangeai un morceau, et me rendis sur la place. Constantin Lloubes s'y trouvait en ce moment, il m'aperçut et ne me dit rien; un instant après, Louis Camps qui s'y trouvait aussi, et que j'avais vu ensemble avec le Commandant lisant tous les deux une dépêche placée contre un arbre ; me dit d'aller battre le rappel, lorsqu'il me donna cet ordre pour la seconde fois, le Commandant Lloubes n'était plus avec lui. Je crois qu'il était chez le Maire, qui, d'après ce qui m'a été rapporté, n'était pas encore levé, lorsque je suis revenu du champs, je n'ai pas vu de factionnaires placés aux extrémités du village. J'ignore à quel moment ils ont été placés là.

Lecture faite, a persisté et signé.

Taxé neuf francs cinquante centimes.

Signés : TRICOIRE, H. POUMAYRAC, PONS, Commis-Greffier.

Le cinquième desdits témoins, assigné par exploit de Payré, huissier à Perpignan, duquel il nous a représenté la copie revêtue des formalités légales, après serment par lui prêté de dire vérité a déclaré s'appeler :

5. CAZENOVE (Victor), âgé de soixante-deux ans, maçon,
adjoint de la commune d'Estagel,

n'être parent, ni allié, serviteur ni domestique d'aucune des parties et sur les faits contenus au dispositif du susdit jugement dont lecture lui a été donnée a déposé oralement ainsi qu'il suit :

M⁰ Tarbouriech reproche le témoin, pour le motif qu'il est personnellement intéressé au sort de la contestation actuelle , à raison des actions qui pourront être intentées contre lui pour la participation aux faits qui y ont donné lieu ; le témoin, répondant au reproche, dit qu'il était adjoint au Maire à l'époque où se sont accomplis les faits qui ont donné lieu à la contestation actuelle, qu'il a pris part aux délibérations du Conseil municipal, il ajoute qu'il était Maire d'Estagel au moment où la République fut proclamée.

Le trente-un octobre dernier, j'étais au champ lorsque le rappel fut battu à Estagel, où, du moins, j'étais occupé comme maçon sur un chantier à une certaine distance de la localité ; vers dix heures le Maire me fit appeler et me chargea, en me remettant une lettre, d'aller à Perpignan demander des munitions. En l'absence du Préfet, le secrétaire général me dit qu'il n'avait pas ce que nous demandions et je retournai à Estagel, j'avais été accompagné dans cette mission par les nommés Sirac, Louis Camps et Gary.

En rentrant à la Mairie nous trouvâmes aux abords une foule assez nombreuse et plusieurs individus manifestèrent leur irritation de ce que nous n'apportions pas de munitions ; le lendemain j'ai fait partie du cortége qui est allé faire des visites domiciliaires dans les maisons des individus déclarés suspects et chez lesquels on avait dénoncé l'existence d'un dépôt d'armes. Ces individus sont au nombre de dix,* et parmi eux figurent les six qui ont été arrêtés.

En faisant ces perquisitions j'entrai chez Bourdanel ; en ma présence il pria le Maire de le faire arrêter et conduire en prison, parce qu'il ne se sentait pas en sûreté qu'il mettrait sa voiture à la disposition du Maire pour que celui-ci le fît accompagner sous escorte à Perpignan. M. le Maire lui répondit qu'il n'avait rien à craindre, qu'il était suffisamment protégé par la sentinelle qui était devant sa porte. Le soir, je pris part à une délibération du Conseil municipal à la Mairie. On venait de recevoir une lettre du

Préfet qui disait qu'on ferait bien de faire conduire les prisonniers à Pe
pignan.

Nous fûmes d'avis que les prisonniers seraient exposés si nous les faisions
transférer à Perpignan et qu'il valait mieux les garder dans la prison d'Estagel ;
le lendemain pendant que j'étais à la Mairie, deux individus surnommés *Col
de Tiran et Cap d'Estre* vinrent dire qu'il y avait des armes cachées chez
Triquéra et à la métairie ; qu'ils connaissaient l'endroit où se trouvait ce dépôt
et qu'il fallait aller les prendre ; j'y allai avec le Maire, ces deux individus et
d'autres individus qui les accompagnaient, nous visitâmes les endroits désignés
et nous ne trouvâmes rien, deux Gardes nationaux s'étaient introduits en même
temps que le Maire et moi dans maison. La foule était sur le devant de la
porte, et voyant qu'on n'avait pas trouvé les armes qu'on cherchait, parut excessivement irritée. Elle menaçait d'envahir le domicile de M. Triquéra et
demandait son arrestation ; j'essayai avec le Maire de calmer la foule, parmi
laquelle se trouvaient une cinquantaine d'hommes armés ; on persista à demander
l'arrestation de M. Triquéra. Le Maire dit alors à M. Triquéra qu'il était
obligé de l'arrêter pour mettre sa personne en sûreté, celui-ci lui demanda
s'il avait un mandat d'arrêt, le Maire lui répondit que non, mais que s'il
voulait éviter la fureur de la foule dont il entendait les clameurs et les cris,
il ferait bien de le suivre ; M. Triquéra se décida alors et nous suivit.

Ce même jour, après que nous eûmes conduit M. Triquéra à la Mairie,
j'allai avec le Maire seulement, à la maison de Bourdanel, nous lui dîmes
qu'il nous avait prié de le mettre en prison pour qu'il fut plus en sûreté et
que nous venions le prendre, il nous suivit sans faire aucune observation, à ce
moment-là, il n'y avait à peu près personne dans la rue, et lorsque nous
traversâmes la place où la foule se trouvait assez nombreuse, personne ne fit
entendre des vociférations et ne s'ameuta contre lui.

Le deux novembre, M. le Préfet arriva avec le Maire, il nous fit un discours
au Conseil municipal, puis il adressa une admonestation aux prisonniers ;
leur dit qu'ils devaient remercier M. le Maire du soin qu'il avait pris de veiller
sur leur personne et de les arracher aux fureurs de la populace, il les engagea
à quitter la commune et à ne pas se faire voir, il repartit ensuite après avoir

fait un discours à la Garde nationale assemblée sur la place ; un instant après, Bourdanel vint se montrer sur la place ; alors une partie de la population fit entendre des injures contre **M.** le Maire, l'accusant de l'avoir trompée en rendant les prisonniers à la liberté : je me trouvais alors avec lui, nous fûmes environnés et cernés de toute part ; des individus armés lui portèrent plusieurs coups de crosse de fusil dans les reins, je fus moi-même menacé par des bayonnettes et nous eûmes la plus grande peine à nous dégager ; **M.** le Maire voulait entrer chez lui, mais après avoir atteint le seuil de la porte, les clameurs et les cris de la foule l'obligèrent à ressortir et à se rendre à la Mairie, on voulait qu'il rendît son écharpe, des huées et des vociférations nous accompagnèrent jusqu'à la maison commune. Enfin, le calme se fit et nous pûmes nous retirer. Tous les prisonniers y compris Bourdanel adressèrent des remerciements à **M.** le Maire quand ils furent rendus à la liberté et **M.** Triquéra envoya encore le lendemain, son domestique chez moi pour me remercier.

Louis Camps ne vit pas en bonne harmonie avec **M.** Raymond Camps, son cousin, ils n'ont entre eux aucune relation et ne se parlent que lorsqu'ils ne peuvent pas faire différemment. Je ne puis préciser l'époque à laquelle remonte cette mésintelligence, mais je sais qu'elle existait déjà au 31 octobre dernier.

Sur l'interpellation de **M**ᵉ Tarbouriech, le témoin déclare : lorsque je suis venu à Perpignan, le 31 octobre, je suis entré il est vrai, chez Cabri ou se trouvait Étienne Forné. J'ai dit à celui-ci qu'il ferait bien de rentrer à Estagel pour être plus en sûreté par rapport à sa famille, j'étais accompagné de Sirach et de Gary.

Je ne puis pas dire quel est celui de nous trois qui a eu le premier la pensée de donner cet avis à Forné. Je ne me le rappelle pas, la chose fut convenue entre nous trois, Forné rentra le soir même à Estagel, on ne lui a rien fait.

Lecture faite, a persisté et signé :
Taxé neuf francs cinquantes centimes :

Signés : Victor Casanove, H. Poumayrac, Pons, Commis-Greffier.

Le sixième desdits témoins assigné par exploit de Payré, huissier à Perpignan, dont il nous à représenté la copie revêtue des formalités légales, après serment par lui prêté de dire vérité, a dit s'appeler.

6. RESPAUD, (Antoine), âgé de vingt-six ans, vicaire à Estagel,

n'être parent, ni allié, serviteur ni domestique d'aucune des parties et sur les faits contenus au dispositif du susdit jugement dont lecture lui a été donnée, a déposé oralement ainsi qu'il suit :

J'avais entendu dire que M. Camps avait reçu des coups dans la journée du deux novembre, une personne m'avait dit que M. Camps avait eu pendant la nuit un accès de délire, j'allai le voir, je le trouvai alité, ceci se passait deux ou trois jours après le deux novembre. Sur l'interpellation de Me Tarbouriech, le témoin déclare que quelques jours avant le trente-un octobre, il est allé voir Bourdanel qui était souffrant, et qu'il y est allé aussi à une époque postérieure aux événements.

Lecture faite, a persisté et signé.
Taxé neuf francs cinquante centimes.

Signés : RESPAUD, H. POUMAYRAC, PONS, Commis-Greffier.

Le septième desdits témoins assigné par exploit de Payré, hussier à Perpignan, dont il a représenté la copie revêtue des formalités légales, après serment par lui prêté de dire vérité, a dit s'appeler :

7. GRAU (Jérôme), âgé de 38 ans, gendarme,

domicilié à Estagel, n'être parent, ni allié, serviteur, ni domestique d'aucune des parties, et sur les faits contenus au dispositif du susdit jugement dont lecture lui a été donnée, a déposé oralement ainsi qu'il suit :

Le 31 octobre dernier, je fus fort étonné d'apprendre par ma femme qui revenait du marché qu'il y avait une grande agitation dans la ville, je me rendis sur la place pour voir par moi-même ce qu'il en était. Il y avait déjà une foule

8

assez considérable parmi laquelle des Gardes nationaux en armes. A chaque instant la foule augmentait et on y voyait arriver des groupes d'individus qui venaient de quitter le travail. Chacun se demandait ce que c'était, mais personne ne pouvait s'en rendre compte. Il était évident que quelqu'un attirait la population sur ces points. Quand je suis arrivé sur la place, j'ai entendu qu'on battait le rappel, je ne puis pas dire qui l'avait fait battre.

Dans l'après midi, comme je passais sur la place, M. le Maire me dit d'aller avec lui et il m'emmena jusqu'à la porte de M. Dhers, je vis là un factionnaire; j'entrai avec M. le Maire; celui-ci demanda à M. Dhers, s'il avait de la poudre chez lui; voyant qu'il s'agissait de cela je ressortis parce que cela ne me regardait pas et j'attendis M. le Maire à la porte de la maison. Le lendemain étant allé à la Mairie M. le Maire me dit qu'il avait un prisonnier à me remettre, je lui répondis que j'étais tout disposé à le garder, mais que pour me conformer à la loi, j'avais besoin d'une réquisition écrite et il me dit qu'il me la donnerait et ajouta qu'il avait encore cinq individus à faire arrêter et il fut convenu qu'il me ferait une réquisition collective lorsque tous les prisonniers seraient à sa disposition. Le soir même les six individus furent mis dans la chambre de sûreté, un factionnaire fut placé à la porte de la caserne, mais comme il faisait un temps violent et froid, il se mit à l'abri dans la cour de la gendarmerie; le soir, je voulus le faire sortir afin de pouvoir fermer la grille, et assurer ainsi la sûreté de la caserne. Cet individu qui s'appelait Cougounat et qui est veuf se refusa d'abord à sortir, il disait qu'il était là pour monter la garde, qu'il n'avait pas peur, qu'il avait son fusil chargé. Il était un peu pris de boisson. J'allai trouver le capitaine de la Garde nationale nommé Fontanes (Lucien) qui vint avec moi et je parvins à faire sortir le factionnaire et je fermai la grille. Il y avait alors devant la caserne un groupe assez nombreux dans lequel se trouvaient bon nombre de Gardes nationaux en armes, ils se récrièrent beaucoup de ce qu'on fermait la porte, je me contentai de répondre qu'on m'avait confié la garde des prisonniers, et que, dès-lors, j'en étais responsable, je me faisais fort de les garder.

Le deux novembre M. le Préfet est arrivé à Estagel avec M. le Maire, on m'a donné ordre de conduire les prisonniers à la Mairie. J'ai exécuté cet ordre et suis resté en faction à la porte. **M.** le Préfet a remis les prisonniers en liberté et je les ai vus se sauver l'un d'un côté, l'autre de l'autre ; quelques-uns même ont traversé le jardin et escaladé les murs pour éviter d'être aperçus, plusieurs ont traversé la place de la Mairie et aussi la place Arago, pendant que M. le Préfet y était encore. J'ai entendu dire qu'après le départ du Préfet, le Maire avait été injurié par la foule et qu'on lui avait même donné des coups. Pour moi, je n'ai rien vu de tout cela, j'étais rentré à la caserne.

Sur l'interpellation de Me Tarbouriech, le témoin dépose que dans la soirée du 30 octobre le Maire et les Conseillers municipaux sont venus à la Gendarmerie et lui ont demandé à voir les registres contenant le nom des individus surveillés ; je mis les registres à leur disposition et notamment celui dit de surveillance où figurent les individus condamnés à des peines criminelles ou correctionnelles : ils me demandèrent si je n'en avais pas d'autres, disant qu'il devait y avoir des listes sur lesquelles étaient compris des individus dénoncés au gouvernement impérial, et qui devaient être transportés à Cayenne. Je leur affirmai qu'il n'existait à la Mairie rien de semblable. Quelques jours auparavant, j'avais entendu dire dans le public qu'il existait des listes de cette nature ; ceci se passait le jour du Conseil de révision du canton de Latour.

Sur une autre interpellation de Me Tarbouriech, le témoin déclare qu'il a accompagné à la Mairie le nommé Isobet, alors que celui-ci avait déjà un factionnaire à la porte, que celui-ci voulait, à ce qu'il paraît, obtenir la permission d'aller à Maury pour payer les ouvriers qu'il employait sur les travaux de la route, et qu'en sortant de la Mairie, il lui avait dit qu'il n'y avait pas moyen d'y aller, que le Maire voulait qu'il fut accompagné d'un Garde national et qu'à raison de ce, il renonçait à aller faire le payement à ses ouvriers.

Lecture faite, a persisté et a signé.
Taxé neuf francs cinquante centimes.

Signés : GRAU, H. POUMAYRAC, PONS, Commis-Greffier.

Le huitième desdits témoins assigné par exploit de Payré, huissier à Perpignan, dont il nous a représenté la copie revêtue des formalités légales, après serment par lui prêté de dire vérité, a déclaré s'appeler :

8. MAROT (Joseph), âgé de quarante-quatre ans, épicier,

domicilié à Estagel, n'être parent, ni allié, serviteur, ni domestique d'aucune des parties, et sur les faits contenus au dispositif du susdit jugement dont lecture lui a été donnée, a déposé oralement ainsi qu'il suit :

Quelques jours après les évènements, ayant rencontré à Latour, Bourdanel, il me demande s'il était vrai que M. Raymond Camps était malade, je lui répondis que le fait était exact. Il me dit alors, c'est bien pénible pour lui, car il n'en est pas la cause.

Lecture, a persisté et signé :
Taxé neuf francs cinquante centimes.

Signés : MAROT, H. POUMAYRAC, PONS, Commis-Greffier.

Après l'audition de ce témoin, et vu l'heure avancée, nous, Juge-Commissaire, avons renvoyé la continuation de la présente enquête, à lundi prochain vingt-huit août courant, neuf heures du matin, dans une des salles du palais de justice à Perpignan. De tout quoi, a été dressé le présent procès-verbal auquel nous avons vaqué par double vacation et qui a été signé par les parties, leurs avoués, nous et le Greffier.

Signés : R. CAMPS, P. BOURDANEL, E. AUBERGE, E. TARBOURIECH,
H. POUMAYRAC, PONS, Commis-Greffier.

L'an mil huit cent soixante-onze, et le lundi vingt-huit août, à neuf heures du matin, dans une des salles du palais de justice, nous, Juge-Commissaire susdit, en continuation des opérations commencées le vingt-six août, et du consentement de toutes les parties, avons procédé assisté du sieur Pons, Commis-Greffier, à l'audition des témoins assignés, lesquels ont été entendus oralement et séparément l'un de l'autre ainsi qu'il suit :

Le neuvième desdits témoins assigné par exploit de Payré, huissier à Perpignan, dont il nous a représenté la copie revêtue des formalités légales, après serment par lui prêté de dire vérité, a déclaré s'appeler :

9. JOUSSERANDOT (Louis), âgé de cinquante-cinq ans, Préfet des Pyrénées-Orientales,

ni parent, ni allié serviteur, ni domestique d'aucune des parties, et sur les faits contenus au dispositif du susdit jugement dont lecture lui a été donnée , a déposé oralement ainsi qu'il suit :

Lorsqu'on apprit à Estagel la capitulation de Metz, il se produisit dans cette localité, un mouvement analogue à celui qui s'est produit à Perpignan, dans les dernières journées d'octobre. Le trente-un de ce mois, ou le premier novembre, sans que je puisse exactement préciser le jour, je reçus une lettre portant la signature du secrétaire de la Mairie d'Estagel, et dans laquelle on me disait en substance à peu près ceci : Un mouvement populaire s'est produit à Estagel, plusieurs personnes ont été arrêtées, nous vous prions de voir par vous-même ce qu'il y aurait à faire.

Le lendemain, deux novembre, comme je me disposais à monter en voiture pour me rendre à Estagel, avec mon secrétaire particulier, survint M. R. Camps, Maire de la commune, il était dans un état de tristesse et d'abattement difficile à décrire, il monta dans ma voiture et nous partîmes ensemble pour Estagel.

En arrivant dans cette ville, je constatai une effervescence extraordinaire ; sur la route, dans les rues on ne voyait que des factionnaires, on eût dit une place prise d'assaut. Je me rendis directement à la Mairie, excessivement préoccupé du parti que je pourrais prendre pour me tirer d'une situation aussi difficile ; me retournant vers M. Varenne, mon secrétaire, je m'aperçus qu'il était excessivement pâle, ce qui me donna la pensée qu'il était lui aussi vivement préoccupé de notre position. Néanmoins je continuai à méditer le plan que j'avais conçu tout d'abord et, dès mon entrée dans la salle de la

Mairie, je fis un discours aux personnes qui s'y trouvaient, cherchant à leur représenter combien il était déplorable de voir une population se soulever dans les circonstances critiques que traversait la France. J'insistai cherchant à leur faire toucher du doigt combien ces soulèvements étaient dangereux à ce moment où nous avions besoin d'argent, et où le département allait contracter un emprunt; cette situation étant de nature à éloigner les souscripteurs; que si l'emprunt n'était pas couvert, l'autorité se verrait forcée de voter un impôt, lequel serait considérable, puisqu'il s'élèverait à quatre-vingt-dix centimes environ à ajouter au principal des contributions. Je donnai ensuite l'ordre qu'on fit monter les prisonniers, toujours en exécution de mon plan et obligé de jouer en quelque sorte une petite comédie, je leur parlai sur un ton très-sévère ; en terminant, je leur dis qu'ils devaient vouer la plus grande reconnaissance à M. le Maire, qui, par sa conduite, avait protégé leurs personnes, peut-être même sauvé leur vie. Je puis dire que tous les prisonniers, à l'exception de M. Triquéra qui avait une attitude très-digne et à peu près impassible, étaient dans un état d'abattement absolu et sous le coup d'une terreur manifeste. Ils remercièrent en ma présence M. le Maire, et je me rappelle notamment que MM. Bourdanel et Dhers le firent avec empressement. Je ne dis pas aux prisonniers qu'ils étaient libres et qu'ils pouvaient se retirer, mais j'entendis autour de moi qu'une personne leur dit de s'en aller, néanmoins la plupart restèrent encore et je crois même qu'ils restèrent tous. Du reste, lorsque cette voix qui leur disait de s'en aller se fut faite entendre, d'autres individus leur avaient donné le conseil de ne pas sortir encore, et de ne partir que lorsqu'on passerait la revue de la Garde nationale ; je me rendis ensuite sur la place, où, d'après mes ordres se trouvait réunie cette milice, je passai la revue, je fis exécuter quelques manœuvres, toujours pour gagner du temps ; je leur fis un discours dans le même but et remontai en voiture pour rentrer à la Préfecture. Le lendemain le secrétaire de la Mairie d'Estagel me fit connaître par lettre qu'après mon départ, une partie de la population s'était montrée irritée contre le Maire, l'accusant d'être venu me chercher à Perpignan, pour faire mettre les prisonniers en liberté, qu'on s'était rué sur lui, qu'on lui avait porté des coups, qu'on lui avait demandé son écharpe et qu'on l'avait traîné jusqu'à la Mairie en lui donnant des coups de crosse de fusil ; quelques jours après et peut-être même le lendemain, je reçus une nouvelle lettre de la Commission municipale d'Estagel, dans laquelle on me disait qu'une réaction s'était opérée, que la Commission municipale tenait à conserver M. Camps comme Maire et de vouloir bien faire surveiller par le juge de paix et la gendarmerie les fauteurs de tous ces désordres.

Lorsque M. Camps est venu à Perpignan, il me raconta les faits tels qu'ils s'étaient passés ; le long temps qui s'est écoulé depuis cette époque et les événements divers dont j'ai eu à m'occuper depuis, m'ont fait perdre de vue les souvenirs précis de son récit. Mais je me rappelle qu'il me dit qu'il avait été obligé de prendre des mesures pour sauver la vie à des citoyens arrêtés.

Quand j'entrai dans la Mairie d'Estagel, cinq ou six personnes entrèrent en même temps que nous, et je me souviens d'avoir entendu un individu dire : Est-ce que je n'ai pas le droit de me venger à mon tour ? En parlant ainsi il paraissait vouloir répondre à une observation que je venais de faire ; c'est en ce moment-là que je me retournai vers M. Varenne en lui disant : « Ça ne va pas être commode » et que je remarquai sa pâleur.

Il y a quelques jours j'ai eu occasion de rencontrer M. Triquéra, il m'a dit en causant des événements d'Estagel que M. le Maire dans cette circonstance avait tout fait pour protéger les jours des personnes arrêtées. Pour moi, je dois ajouter que je n'ai jamais vu une population dans un état d'exaspération pareil à celui que j'ai constaté à Estagel ; à cette époque, les femmes étaient tout aussi excitées que les hommes et nous regardaient avec des figures sinistres et des regards menaçants.

Sur l'interpellation de Mᵉ Tarbouriech, M. le Préfet déclare qu'à l'époque des événements d'Estagel, il ne connaissait pas Bourdanel, qu'il ne l'avait jamais vu.

Lecture faite, a persisté et signé.

Signés : Louis JOUSSERANDOT, H. POUMAYRAC, PONS, Commis-Greffier.

Le dixième desdits témoins assigné par exploit de Payré, huissier à Perpignan, dont il nous a représenté la copie revêtue des formalités légales, après serment par lui prêté de dire vérité a dit s'appeler :

10. SIRACH (Prosper), âgé de quarante-cinq ans, propriétaire

à Estagel, ni parent ni allié, ni serviteur, ni domestique d'aucune des parties, sur les faits contenus au dispositif du susdit jugement, dont lecture lui a été donnée, a déposé oralement ainsi qu'il suit :

Me Tarbouriech reproche le témoin pour le motif qu'il est personnellement intéressé au sort de la contestation actuelle, à raison des actions qui pourraient être intentées contre lui pour sa participation aux faits qui y ont donné lieu.

Le témoin répondant au reproche, dit qu'il était adjoint au Maire à l'époque où se sont accomplis les faits qui ont donné lieu à la contestation actuelle, qu'il a pris part aux délibérations du Conseil municipal.

Le 31 octobre dernier, comme j'allais à la vigne, j'entendis battre le rappel dans les rues d'Estagel; dans la matinée j'assistai à une délibération du Conseil municipal qui avait pour but de rechercher quelles mesures il y avait à prendre pour protéger certains citoyens, qui pourraient être menacés, on en passa plusieurs en revue : celui-ci, disait-on, peut être exposé, un tel et un tel peuvent l'être aussi, j'avais bien entendu *le peuple* crier au dehors; mais je n'ai pas ouï qu'on proférât des menaces contre tel ou tel individu, notamment Bourdanel. Plus tard, le Maire m'envoya à Perpignan, avec Cazeneuve, Gary et Lucien Camps, pour prendre des munitions, parce que *le peuple* en demandait et parce que cela pourrait être utile pour maintenir le calme. M. de Lamer, en l'absence du Préfet, nous dit qu'il n'avait pas de munitions et qu'il ne pouvait pas nous donner ce que nous étions chargés de venir prendre. A mon retour à Estagel, quand j'arrivai à la Mairie, je la trouvai envahie par une foule nombreuse qui s'agitait beaucoup et qui demandait que l'on fît des perquisitions d'armes dans des maisons déterminées; je calmai la foule, leur disant que nous ferions ces perquisitions nous-mêmes le lendemain. Le jour venu, j'ai assisté à certaines perquisitions d'armes qui furent faites et j'entrai notamment dans la maison de Bourdanel ; celui-ci, en ma présence, dit à **M.** Camps, qu'il ne se sentait pas en sûreté chez lui, qu'il le priait de le faire conduire à Perpignan dans son break, accompagné de deux Gardes nationaux. Le Maire lui répondit : ne craignez rien, aucun mal ne vous arrivera. J'assistai également à la visite domiciliaire qui fut faite chez **M.** Triquéra. Quand la perquisition eût été faite dans sa maison de la ville, un individu s'écria qu'il y avait des armes à sa métairie et qu'il fallait aussi y aller, je fus une des personnes désignées pour cette perquisition. Je dois dire que nous avons fait dans la maison de la ville, de **M.** Triquéra, deux perquisitions successives, car, après avoir fait une première visite, un des individus qui faisait partie de la foule massée devant la maison, dit qu'il y avait d'autres armes que celles que nous portions et qu'il y en avait de cachées dans une jarre à huile placée au millieu de la cave à niveau du sol. Lorsque je sortis après cette seconde perquisition, pour aller à la métairie, comme je traversais la foule, j'entendis des voix qui disaient pourquoi on n'emmenait pas **M.** Triquéra, qu'il fallait l'arrêter ; je continuai mon chemin en me faisant un passage à travers ces gens-là, que j'essayai de calmer, j'ignore ce qui se passa après. Je ne trouvai dans mes perquisitions à la métairie que des fusils de chasse ; après cela, je rentrai à la Mairie. A ce moment arriva un gendarme porteur d'une dépêche de **M.** le Préfet, qui disait qu'il fallait mettre les prisonniers en liberté. Nous délibérâmes à ce sujet et nous fûmes d'avis que délivrer ces gens-là, ce serait les exposer et nous exposer aussi et que le lendemain, le Maire irait à Perpignan, trouver lui-même **M.** le Préfet. Le lendemain, pendant l'absence du Maire, le nommé Las, négociant en vins vint me demander la permission de voir Bourdanel ; je l'accompagnai jusqu'au gendarme qui était préposé à la garde des prisonniers et je laissai ce Monsieur causant avec Bourdanel ; lorsque **M.** le Préfet arriva à Estagel, il se rendit à la Mairie, fit appeler les prisonniers, leur dit qu'ils pouvaient bien remercier **M.** le Maire de leur avoir sauvé la vie et de remercier aussi le Conseil Municipal. Il ajouta qu'ils étaient rendus à la liberté et qu'ils pouvaient se retirer. Nous avons dit aux prisonniers d'attendre, et qu'ils pouvaient sortir par le jardin de **M.** Gonsalvo, avec une échelle. Lorsque **M.** le Préfet eut

9

dit aux prisonniers qu'ils pouvaient nous remercier, ceux-ci se retournèrent vers nous en faisant une inclination de tête, notamment Bourdanel. Pendant que **M.** le Préfet était encore sur la place, j'aperçus Bourdanel qui venait de sortir. Des femmes l'ayant aperçu arrêté ainsi sur la place publique, se mirent à crier; **M.** le Préfet partit en ce moment; la foule se précipita sur **M.** le Maire et **M.** le Juge de paix disant qu'ils les avaient vendus et qu'il fallait que le Maire rendît l'écharpe, j'ai entendu dire que le Maire avait même reçu des coups dans cette circonstance. Je ne l'ai pas vu, car je me retirai dès que la Garde nationale eut rompu les rangs; j'ai su que le Maire s'était alité le lendemain; j'allai le voir deux ou trois jours après, il était encore alité. Quand nous sommes allés faire la perquisition chez Bourdanel il nous a remis d'abord le fusil de chasse et puis le fusil de la Garde nationale, il est ensuite monté à un autre étage et nous a rapporté son révolver. Le 31 octobre, lorsque nous vinmes à Perpignan pour chercher des munitions, nous allâmes chez le nommé Caleri en compagnie de Gary et de Casènove et nous invitâmes Étienne Forné que nous savions l'y trouver, à rentrer à Estagel, parce que à cause du mouvement qui s'était produit dans cette localité et de l'effervessence qui y régnait, sa femme et son enfant pourraient s'effrayer. Nous fîmes cette démarche de nous-même. Il n'est arrivé aucun mal à Étienne Forné. Un jour il vint me trouver à mon champ et me demanda pour quel motif nous étions allés le chercher à Perpignan. Je lui répondis que c'était parce que nous le considérions.

Lecture faite, a persisté et signé.

Taxé treize francs cinquante centimes.

Signés : SIRACH, (Prosper), H. POUMAYRAC, PONS, Commis-Greffier.

Le onzième desdits témoins assigné par exploit de Payré, huissier à Perpignan, duquel il nous a remis la copie revêtue des formalités légales, après serment par lui prêté de dire vérité, a dit s'appeler :

11. MASSON (Jean), tailleur de pierre, âgé de 37 ans,

domicilié à Estagel, ni parent, ni allié, ni serviteur, ni domestique d'aucune des parties, et sur les faits contenus au dispositif du susdit jugement dont lecture lui a été donnée, a déposé oralement ainsi qu'il suit :

Le trente-un octobre dernier, j'étais déjà parti pour mon chantier, lorsque ma femme vint me dire qu'il y avait du bruit dans le village, qu'il y avait un soulèvement et me pria de rentrer; lorsque je fus arrivé près de l'hôtel Vigo, je rencontrai M. le Maire, je lui demandai ce que c'était, il me répondit, je n'en sais pas plus que toi. Je lui dis alors, s'il y a quelque chose et qu'il faille descendre dans la rue, je vous prie de me donner une arme, je ne veux pas marcher les mains dans les poches. Le Maire répliqua alors : ce n'est rien.

Je ne connais rien des faits qui se sont accomplis le deuxième jour. Le deux novembre, je me trouvai faire partie du poste de la Mairie, quelques temps après que M. le Préfet fut arrivé, il vint un ordre de relever tous les factionnaires et de réunir la Garde nationale sur la place, je quittai alors la Mairie et me rendis sur la place comme les autres. Environ une demie heure après, M. le Préfet arriva sur la place, nous fit un discours; tandis que M. le Préfet était encore là, je vis Bourdanel arriver sur la place et traverser les rangs de la Garde nationale ; il se mit derrière le Préfet, quelques murmures se produisirent alors et je ne puis pas dire s'ils étaient occasionnés par la présence de Bourdanel ; dès que le Préfet monta en voiture, on rompit les rangs et je rentrai chez moi. Il y avait dans la salle au Corps de Garde de la Mairie, une affiche sur papier blanc apposée contre le mur, côté du râtelier d'armes. Je n'ai pas lu le contenu, elle ressemblait à celle que vous me représentez.

Sur l'interpellation de Me Tarbouriech, le témoin déclare que pour aller de la Mairie, chez Bourdanel, il faut nécessairement passer sur la place, à moins qu'on ne sorte du village pour longer le ruisseau d'arrosage.

Je suis sous-lieutenant de la Garde nationale.

Lecture faite, persiste, signe.

Taxé treize francs cinquante centimes.

Signés : MASSON (Jean), H. POUMAYRAC, PONS, Commis-Greffier.

Le douzième desdits témoins, assigné par exploit de Payré, huissier à Perpignan, duquel il nous a représenté la copie revêtue des formalités légales, après serment par lui prêté de dire vérité, a dit s'appeler :

12. MATHEU (Etienne), âgé de quarante-huit ans, nattier et propriétaire,

domicilié à Estagel, n'être parent, ni allié, serviteur, ni domestique d'aucune des parties, et sur les faits contenus au dispositif du susdit jugement, dont lecture lui a été donnée, a déposé oralement comme il suit :

Mᵉ Tarbouriech reproche le témoin par le motif qu'il est personnellement intéressé au sort de la contestation actuelle, à raison des actions qui pourraient être intentées contre lui, par sa participation aux faits qui y ont donné lieu.

Le témoin répondant au reproche, dit qu'il était membre du Conseil municipal à l'époque où se sont accomplis les faits qui ont donné lieu à la contestation actuelle, qu'il a pris part aux délibérations du Conseil municipal.

Le trente-un octobre dernier, quand j'ai entendu le tambour, je me suis rendu sur la place comme les autres Gardes nationaux : bientôt après, j'ai été désigné pour faire partie du poste ; dans la matinée M. le Maire réunit le Conseil municipal, *le peuple* disait qu'il y avait des individus, notamment Bourdanel, Jalabert, Triquéra, Baudy et autres qui avaient des armes chez eux, qu'il fallait les désarmer ; le Conseil municipal fut d'avis que ces personnes pourraient être exposées chez elles et il fut décidé qu'on placerait un factionnaire à leur porte. Le lendemain, *le peuple* demandant toujours qu'on désarmât ces individus, le Conseil municipal décida qu'on ferait des perquisitions ; ces perquisitions commencèrent dans la matinée, une première visite domiciliaire avait déjà été faite chez M. Triquéra, lorsque dans l'après-midi, des individus venant déclarer qu'il y avait d'autres armes cachées chez M. Triquéra soit dans sa maison à Estagel soit à sa métairie, et qu'ils connaissaient le lieu où ces armes étaient déposées, *le peuple* s'ameuta de nouveau et nous dûmes aller faire une nouvelle perquisition chez M. Triquéra.

Lorsque le Maire sortit de la maison de ce citoyen, la foule qui entourait le devant de la porte, se récria de ce que nous n'emmenions pas M. Triquéra ; le Maire expliqua qu'il n'avait aucun mandat pour l'arrêter, mais *le peuple* insista de nouveau et nous fûmes obligés de rentrer dans la maison et d'inviter M. Triquéra de nous suivre à la Mairie. Le soir vint un ordre de M. le Préfet qui disait de mettre les prisonniers en liberté, la Commission municipale se réunit pour délibérer sur ce qu'il convenait de faire ; nous fûmes d'avis que, si nous mettions les prisonniers en liberté, nous allions nous exposer aux fureurs populaires, et il fut arrêté que le lendemain M. le Maire se rendrait à Perpignan accompagné de deux délégués pour s'entretenir avec le Préfet de la situation de la ville. Le deux novembre, M. le Préfet arriva : quelque temps après son entrée à la Mairie, il fit appeler les prisonniers, leur parla et leur dit, sur l'observation que nous lui en fîmes, que pour rentrer chez eux ils devaient faire en sorte de ne pas s'exposer aux regards de la population.

Néanmoins, lorsque j'étais sur la place avec la Garde nationale, au moment où M. le Préfet allait partir, j'aperçus Bourdanel arrêté devant la maison Arago avec M. Pech et une femme dont j'ignore le nom, mais qui entonne souvent du vin pour le compte de Bourdanel; alors un mouvement d'effervescence se produisit dans le peuple, je ne m'aperçus pas que l'on dit rien à Bourdanel, mais on se précipita sur M. le Maire, en criant : qu'il avait trompé le peuple, qu'il l'avait vendu. On l'entraîna vers la Mairie, et j'ai su plus tard qu'on lui avait même donné des coups de crosse de fusil. On lui disait qu'il fallait qu'il rendît son écharpe.

Sur l'interpellation de Mᵉ Auberge, le témoin déclare qu'il a vu dans la salle du poste à la Mairie une affiche contenant l'indication des citoyens à la porte desquels devaient être placés des factionnaires et des points sur lesquels ils devaient être placés.

Lecture faite, a persisté et signé.

Taxé treize francs cinquante centimes.

Signés : Étienne MATHEU, H. POUMAYRACH, PONS, Commis-Greffier.

Le treizième desdits témoins, assigné par exploit de Payré, huissier à Perpignan, duquel il nous a représenté la copie revêtue des formalités légales, après serment par lui prêté de dire vérité, a dit s'appeler :

13. DELONCLE (Joseph), âgé de trente-six ans, cultivateur,

domicilié à Estagel, ni parent, ni allié, ni serviteur, ni domestique d'aucune des parties, et sur les faits contenus au dispositif du susdit jugement, dont lecture lui a été donnée, a déposé oralement ainsi qu'il suit :

Me Tarbouriech reproche le témoin par le motif qu'il est personnellement intéressé au sort de la contestation actuelle, à raison des actions qui pourront être intentées contre lui pour sa participation aux faits qui y ont donné lieu. Le témoin répondant au reproche, dit qu'il était membre du Conseil municipal à l'époque où se sont accomplis les faits qui ont donné lieu à la contestation actuelle, qu'il a pris part aux délibérations du Conseil municipal.

Je ne sais rien des faits qui se sont passés le 31 octobre, si ce n'est que le matin vers cinq heures et demie ayant entendu battre le rappel comme je m'en allais au travail, je revins sur mes pas, et j'allai de moi-même, après avoir pris mon arme, me mettre en faction à la sortie du village du côté de Perpignan.

Le lendemain, on disait vaguement parmi le peuple que certains individus avaient des armes chez eux et qu'il fallait les désarmer. M. le Maire convoqua le Conseil municipal pour délibérer, on décida qu'on irait faire des perquisitions chez les personnes et on fit appeler le Juge de paix pour y assister ; j'assistai à toutes les perquisitions qui furent faites dans la matinée ; quand nous entrâmes chez Bourdanel, *sa femme et sa belle sœur étaient en larmes.* Le Juge de paix les consola, disant qu'il ne serait fait aucun mal à Bourdanel : celui-ci, après avoir remis les armes, dit à M. le Maire qu'il croyait ne pas être en sûreté et qu'il le priait de le faire accompagner à Perpignan, sous l'escorte de deux ou trois Gardes nationaux. Dans l'après-midi, alors qu'une première visite domiciliaire avait été faite chez M. Triquéra, on dit dans le poste de la Mairie dont je faisais partie, que le peuple murmurait, qu'il y avait d'autres armes chez M. Triquéra et qu'il fallait y revenir. En effet, bientôt après le Maire nous appela pour aller faire une seconde perquisition.

Lorsque cette perquisition fut faite, le Maire se présenta sur la porte de la maison Triquéra : le peuple qui encombrait la rue et dont une partie était armée, demanda à **M. le Maire** en vociférant, pourquoi il n'avait pas arrêté **M. Triquéra**, qu'il fallait l'emmener ; le Maire répliqua qu'il n'avait aucun mandat pour cela faire et essaya de calmer la foule, néanmoins les cris redoublèrent et nous dûmes amener avec nous M. Triquéra, à la Mairie. Le soir, je fus convoqué à une nouvelle délibération du Conseil municipal ; on avait reçu du Préfet l'ordre de mettre les prisonniers en liberté : nous décidâmes que nous nous exposerions nous-mêmes si nous faisions cela et alors on convint qu'il fallait bien se garder de les mettre en liberté, parce que le peuple serait exaspéré et qu'on ne pourrait plus le contenir, et on décida que le lendemain le Maire avec deux délégués iraient parler à M. le Préfet.

Le 2 novembre, le Préfet arriva avec M. le Maire : *il nous félicita dans la salle de la Mairie sur la manière dont nous avions agi et nous remercia,* puis il fit appeler les prisonniers, *les réprimanda* et leur dit ensuite qu'ils pouvaient remercier le Maire et le Conseil municipal, et ceux-ci se tournèrent vers nous et nous remercièrent en faisant une inclination de tête. Il leur dit ensuite qu'ils avaient leur liberté, mais que pour sortir ils devaient éviter les regards *du peuple* et prendre des chemins détournés. Ensuite le Préfet fit un discours sur la place à la Garde nationale assemblée. Avant que le Préfet ne fut parti, j'aperçus Bourdanel qui traversait les rangs de la Garde nationale. Alors j'entendis un groupe d'individus disant que le Conseil municipal avait vendu le peuple. Je ne m'aperçus pas que l'on dit rien contre Bourdanel. Je me suis retiré à peu près à ce moment. J'ai appris plus tard qu'on s'était jeté sur M. le Maire en lui demandant de rendre son écharpe. Le lendemain, ou le surlendemain, étant allé chez M. Camps, Madame me dit que son mari était souffrant, que je ne pourrais pas lui parler, qu'on allait lui pratiquer une saignée.

Lecture faite, a persisté et signé.

Taxé treize francs cinquante centimes.

Signés : DELONCLE-CRENEILLA (Joseph), H. POUMAYRAC, PONS, Commis-Greffier.

Le quatorzième desdits témoins, assigné par exploit de Payré, huissier à Perpignan, dont il nous a représenté la copie revêtue des formalités légales, après serment par lui prêté de dire vérité, a dit s'appeler :

14. CHAMMA (Bonaventure), âgé de trente-six ans, journalier,

domicilié à Estagel, n'être parent, ni allié, serviteur, ni domestique d'aucune des parties, et sur les faits contenus au dispositif du susdit jugement, dont lecture lui a été donnée, a déposé oralement ainsi qu'il suit :

Le 31 octobre dernier, vers six heures ou six heures et demie, comme j'étais occupé au pressoir, j'entendis battre le rappel, ou du moins le tambour ; je me rendis sur la place, j'y trouvai le commandant de la Garde nationale, je lui demandai ce que c'était, il me répondit : Va prendre ton fusil et viens ici. Je le fis, quelque temps après un individu que je ne remarquai pas assez pour savoir qui il était, me dit d'aller me mettre en faction au bout de la Gràve. Je lui dis que je n'avais pas déjeuné, je rentrai chez moi pour manger un morceau et revins à mon travail.

Lecture faite, a persisté, ne sait signer.

Taxé treize francs cinquante centimes.

H. POUMAYRAC, PONS, Commis-Greffier.

Le quinzième desdits témoins assigné par exploit de Payré, huissier à Perpignan, duquel il nous a représenté la copie revêtue des formalités légales, après serment par lui prêté de dire la vérité, a déclaré s'appeler :

15. REMAURY (Joseph), âgé de vingt-quatre ans, cultivateur,

domicilié à Estagel, cousin second de la femme de M. Raymond Camps et époux d'une cousine germaine de la femme de M. Camps.

Mª Tarbouriech reproche le témoin par le motif de leur proche parenté entre la partie adverse et par celui qu'il est personnellement intéressé au sort de la contestation actuelle à raison des actions qui peuvent être intentées contre lui pour saparticipation aux faits qui y ont donné lieu.

Nous, Juge-Commissaire, nonobstant le reproche avons procédé à l'audition du témoin, sauf au tribunal à avoir à sa déposition tel égard que de raison et sur les faits contenus au dispositif du susdit jugement dont lecture lui a été donnée a déposé oralement comme suit :

Le 31 octobre dernier, comme j'étais déjà au travail, des enfants vinrent me dire qu'il me fallait rentrer à Estagel, et à l'entrée du village, je remarquai des factionnaires, mais je ne m'arrêtai pas avec eux, il était alors environ sept heures et demie. Le lendemain je vis M. Camps, se dirigeant vers la Mairie ; il y avait autour de lui une foule nombreuse qui disait, il faut les attraper tous. Le Maire essaya de les calmer et leur dit : « Retirez-vous, je n'ai pas besoin de vous, ces gens là répliquèrent : « il faut suivre. » Là-dessus le Maire leur répondit : « Puisque vous voulez suivre, voilà l'écharpe. » Personne ne voulut la prendre. M. Camps ajouta alors en s'adressant à ces individus : retirez-vous, j'irai, j'irai moi-même les chercher. Le soir, je fus appelé à une délibération du Conseil municipal qui se réunit à la suite d'un ordre du Préfet de mettre les prisonniers en liberté, nous fûmes d'avis que si nous les rendions à la liberté, le peuple déjà exaspéré à un si haut degré, pourrait se porter à des extrémités et qu'il pourrait arriver des malheurs ; nous décidâmes que le lendemain M. le Maire et deux délégués iraient trouver M. le Préfet. Le 2 novembre, M. le Préfet arriva et après nous avoir parlé à la Mairie, il fit appeler les prisonniers, leur dit qu'ils pouvaient remercier le Maire et le Conseil municipal de leur avoir sauvé la vie ; tous, même Bourdanel se tournèrent vers nous et firent une inclination de tête. M. le Préfet nous dit que nous pouvions avertir les Gardes nationaux que les prisonniers allaient être rendus à la liberté. Nous allâmes sur la place, dire de groupe en groupe quelle avait été la décision du Préfet. Cette nouvelle occasionna sur la place une certaine agitation ; nous revînmes dire alors à M. le Préfet que nous allions les faire sortir tout desuite, mais que, si le peuple les voyait, il

10

pourrait arriver des malheurs. Là-dessus le Préfet dit que les prisonniers devaient se dissimuler pour sortir et qu'ils feraient bien de prendre des voies détournées et de sortir par derrière, si la chose était possible. Je suis revenu sur la place, M. le Préfet a fait un discours à la Garde nationale ; pendant ce temps, j'ai remarqué des personnes qui murmuraient, mais je n'ai pu me rendre compte de l'objet de ces murmures, je me suis ensuite retiré,

Lecture faite, a persisté et signé :

Taxé treize franc cinquantes centimes :

Signés : REMAURY (Joseph), H. POUMAYRAC, PONS, Commis-Greffier.

Le seizième desdits témoins assigné par exploit de Payré, huissier à Perpignan, duquel il nous a représenté la copie revêtue des formalités légales, après serment par lui prêté de dire vérité a dit s'appeler :

16 DELONCLE (André), âgé de 37 ans, propriétaire et voiturier,

domicilié à Estagel, ni parent, ni allié, serviteur, ni domestique d'aucune des parties, et sur les faits contenus au dispositif du susdit jugement, dont lecture lui a été donnée, a déposé oralement comme suit :

Le trente octobre dernier, j'ai pris comme capitaine de la garde nationale, le commandement du poste de la Mairie vers 11 heures du soir ; vers 9 heures M. le Maire me dit qu'il serait bon de faire une ronde pour s'assurer de la tranquilité ; nous allâmes avec lui et visitâmes tous les endroits où les sentinelles avaient été placées ; lorsque nous appercevions de la lumière dans l'appartement des personnes ainsi gardées, nous frappions à leur porte et nous les appelions pour leur dire que tout était tranquille et qu'elles pouvaient être rassurées ; j'ai notamment ainsi appelé M. Baudy, en lui disant que tout était tranquille, qu'il n'avait rien à craindre. Dans les diverses rues que nous avons traversées, nous n'avons rencontré à peu près personne. Le lendemain celui qui avait été de garde à la porte de Bourdanel, m'ayant dit, que celui-ci avait déclaré à sa tante la femme Marty, que si cela ne finissait bientôt, il y mettrait lui-même fin ; je pris la précaution de mettre deux factionnaires à la porte dans le cas ou il voudrait se porter à quelque attentat.

Lecture, a persisté et signé :

Taxé treize francs cinquante centimes pour deux jours.

Signés : Deloncle, H. Poumayrac, Pons.

Le dix-septième des dits témoins assigné par exploit de Payré huissier duquel il nous a représenté la copie revêtue des formalités légales, après serment par lui prêté de dire la vérité a dit s'appeler :

17. TIXA (Jean), âgé de trente-cinq ans, débitant de boissons,

domicilié à Estagel, ni parent, ni allié, serviteur ni domestique d'aucune des parties, sur les faits contenus au dispositif du susdit jugement dont lecture lui a été donnée, a déposé oralement comme suit :

Le trente-un octobre dernier, ayant entendu battre le rappel vers six heures et demie, je me suis empressé de me lever et de me rendre sur la place. Là, on a formé les compagnies, et pris cinq hommes par compagnie pour composer le poste ; n'ayant pas été désigné pour faire le service ce jour là, je suis rentré chez moi ; je n'ai pas vu M. le Maire sur la place ; je n'y ai pas vu non plus le commandant de la garde nationale, je n'y ai pas vu non plus le poste quitter la place pour se rendre à l'endroit qu'il devait occuper.

Lecture faite persiste et signe.

Taxé treize francs cinquante centimes.

Signés : Tixa Jean, H. Poumayrac, Pons.

Le dix-huitième des dits témoins, assigné par exploit de Payré huissier, dont il nous a représenté la copie revêtue des formalités légales après serment par lui prêté de dire vérité, a déclaré s'appeler :

18. FONTANEIL (Lucien), âgé de trente-huit ans, cultivateur,

domicilié à Estagel n'être parent ni allié, serviteur ni domestique d'aucune des parties.

Mᵉ Tarbouriech reproche le témoin par le motif qu'il est personnellement intéressé au sort de la contestation actuelle à raison des actions qui pourraient être intentées contre lui, pour sa participation aux faits qui y ont donné lieu. Le témoin, répondant au reproche, dit qu'il était membre du conseil municipal, à l'époque ou se sont accomplis les faits qui ont donné lieu à la contestation actuelle, qu'il a pris part aux délibérations du conseil municipal, et sur les faits de la cause il répond :

Le trente un octobre dernier entre six et sept heures du matin, je suis allé sur la place, j'y ai trouvé un groupe au milieu duquel était Louis Camps qui donnait lecture de la dépêche annonçant la capitulation de Metz ; quand le groupe s'est dispersé, j'ai entendu Louis Camps dire : Si les chefs ne font pas leur devoir, c'est à nous de le faire. Au moment ou je suis arrivé sur la place, le rappel n'était pas encore battu, je l'ai entendu battre pendant que j'étais sur la place. Le lendemain, j'étais de service au poste de la mairie : le soir, un ordre était arrivé de la part du Préfet pour que les prisonniers fussent élargis, le conseil municipal délibéra sur le parti qu'il devait prendre ; nous fûmes d'avis qu'il ne fallait pas faire sortir ces hommes, parce qu'il pourrait leur arriver malheur, et que le peuple pourrait se porter à des violences sur leur personne. Quelques jours après, ayant rencontré Bourdanel à Latour, il me dit qu'il n'en voulait pas à M. le Maire, qu'il n'en voulait qu'à Louis Camps et qu'il avait prié le facteur de s'informer de la santé de M. le Maire. Bourdanel me dit aussi qu'il avait appris que M. le Maire avait reçu des coups. Sur l'interpellation de Mᵉ Tarbouriech, le témoin déclare que lorsque Bourdanel a tenu cette conversation il se trouvait avec les nommés Marot Joseph, Deloncle Xavier, et Malpas Emmanuel.

Sur l'interpellation de Mᵉ Auberge, le témoin ajoute qu'il a remarqué une affiche apposée dans le poste de la Mairie et sur cette affiche il y avait le nom des personnes qui avaient des factionnaires à leur porte et que cette affiche est la même que celle qui lui est représentée.

Lecture, a persisté et signé :

Taxé treize francs cinquante centimes.

Signés : Lucien Fontaneil, H. Poumayrac, Pons.

Le dix-neuvième desdits témoins, assigné par exploit de Payré, huissier à Perpignan, duquel il nous a représenté la copie revêtue des formalités légales, après serment par lui prêté de dire la vérité, a déclaré s'appeler :

19. DELFAUT (Félix), docteur en médecine, âgé de quarante-trois ans,

domicilié à Estagel, n'être parent, ni allié, serviteur, ni domestique d'aucune des parties, et sur les faits contenus au dispositif du susdit jugement dont lecture lui a été donnée, a déposé oralement comme suit :

Le vingt neuf novembre au soir, j'ai été appelé chez M. Camps pour lui donner des soins ; je le trouvai en proie à une violente surexcitation, il me dit qu'il avait reçu des coups et je constatai en effet de légères contusions peu apparentes et qui n'offraient aucune gravité. J'ai continué mes visites pendant la nuit du deux au trois novembre : M. Camps eut du délire et je fus obligé de lui pratiquer une saignée. Je n'avais pas remarqué que certains individus fussent désignés par la population comme devant être l'objet d'actes de violence si ce n'est cependant M. Triquéra, à qui l'on reprochait certains faits dont il aurait été l'auteur en 1852.

Sur l'interpellation de Me Tarbouriech, le témoin déclare qu'il a visité Bourdanel qui était atteint d'un rhumatisme, soit dans le courant du mois de septembre, soit dans les premiers jours du mois d'octobre, que vers cette époque il avait discontinué ses visites, Bourdanel était mieux et qu'il lui avait conseillé d'aller aux bains vers la fin d'octobre, qu'il pouvait très bien les supporter ; que postérieurement aux événements d'Estagel, il avait été appelé de nouveau auprès de Bourdanel, qui était de nouveau tombé malade de son rhumatisme.

Lecture faite persiste et signe :

Taxé quatorze francs cinquante centimes.

◄ Signés : Félix Delfaut, H. Poumayrac, Pons, Commis-Greffier.

Le vingtième desdits témoins assigné par exploit de Payré, huissier à Perpignan, dont il nous a représenté la copie revêtue des formalités légales, après serment par lui prêté de dire vérité, a déclaré s'appeler :

20. LOUANEY (Marc), âgé de quarante-quatre ans, propriétaire,

domicilié à Estagel, n'être parent, ni allié, serviteur, ni domestique d'aucune des parties, et sur les faits contenus au dispositif du susdit jugement, dont lecture lui a été donnée, a déposé comme il suit :

Le 31 octobre dernier, après que le rappel eut été battu, je vis des factionnaires qui allaient à la sortie du village, je leur demandai où ils allaient, ils me répondirent qu'ils ne le savaient pas.

Le 2 novembre au soir, après le départ de M. le Préfet, il se produisit une certaine agitation sur la place, je vis des gens se précipiter sur M. le Maire, je demandai ce que c'était à ceux qui m'entouraient, ils ne purent me donner aucune réponse ; craignant pour M. Camps, j'allai chercher la garde, et lorsque j'arrivai, je le vis entouré de Gardes nationaux se rendant vers la Mairie ; à ce moment-là tout me parut tranquille, M. Camps venait du côté de sa maison.

Sur l'interpellation de Me Auberge, le témoin déclare qu'il a vu dans la salle du Poste de la Mairie une affiche portant le nom des personnes aux portes desquelles des sentinelles étaient placées afin de veiller sur elles, qu'il ne leur fut fait aucun mal. Cette consigne était sur l'affiche. Se reprenant, le témoin dit qu'il a bien vu une petite affiche mais qu'il n'a pas eu le temps de la lire, mais que la consigne dont il vient de parler, était une consigne donnée.

Taxé neuf francs cinquante centimes.

Lecture faite, a persisté et signé.

Signés : LOUANEY, H. POUMAYRAC, PONS, Commis-Greffier.

Le vingt-unième desdits témoins, assigné par exploit de Payré, huissier à Perpignan, dont il nous a représenté la copie revêtue des formalités légales, après serment par lui prêté de dire vérité, a dit s'appeler :

21. SAUTÈS (Antoine), propriétaire, âgé de quarante-trois ans,

domicilié à Estagel, n'être parent, ni allié, serviteur, ni domestique d'aucune des parties, et sur les faits contenus au dispositif du susdit jugement, dont lecture lui a été donnée, a déposé oralement ainsi qu'il suit :

Le 2 novembre dernier, après le départ de M. le Préfet, j'ai vu une cinquantaine d'individus armés se porter à la maison de M. le Maire criant et vociférant qu'il les avait vendus; qu'il fallait qu'il rendit son écharpe. Ils ouvrirent la porte entraînant M. le Maire vers la Mairie. Ces individus le bousculèrent et je vis l'un d'eux le pousser avec la crosse de son fusil.

Lecture faite, a persisté et signé.

Taxé neuf francs cinquante centimes.

Signés : SAUTÈS, H. POUMAYRACH, PONS, Commis-Greffier.

Le vingt-deuxième desdits témoins, assigné par exploit de Payré, huissier à Perpignan, dont il nous a représenté la copie revêtue des formalités légales, après serment par lui prêté de dire vérité, a dit s'appeler :

22. CALAS (Jean-Pierre), âgé de cinquante-six ans, peintre-vitrier,

domicilié à Estagel, n'être parent, ni allié, serviteur, ni domestique d'aucune des parties, et sur les faits contenus au dispositif du susdit jugement, dont lecture lui a été donnée, a déposé oralement comme il suit :

Le 31 octobre dernier, vers six heures du matin, étant sorti de chez moi, je rencontrai Louis Camps qui me dit d'aller prendre mon fusil et de venir sur la place ; je lui demandai alors ce qu'il y avait de nouveau, il se contenta de me répondre que je le saurais lorsque je viendrais sur la place. Quelque temps après, ayant entendu battre le rappel, je me rendis sur la place : à ce moment-là M. le Maire n'y était pas ; on disait qu'il n'était pas encore levé ; on nous fit mettre sur deux rangs, on forma les compagnies et puis on composa un poste pour aller au corps-de-garde de la Mairie ; je faisais partie de ce poste. Vers huit heures du matin, M. le Maire vint me poser en faction à la porte de M. Triquéra, avec la consigne de ne pas le laisser sortir et de laisser sortir librement les autres personnes de la maison ; mon fusil n'était pas chargé ; vers midi, on vient nous dire qu'une autre compagnie allait prendre le service et que nous pouvions nous retirer. Le 2 novembre, pendant que M. le Préfet était encore sur la place, il circula dans les rangs de la Garde nationale le bruit que Bourdanel était par-là ; cette nouvelle causa une grande agitation. Puis l'on dit encore dans certains groupes que M. le Maire avait trahi, qu'il avait vendu le peuple, qu'il fallait lui aller prendre l'écharpe. Lorsque je vis tout ce tumulte, je cherchai à rejoindre mes trois gendres qui se trouvaient dans les rangs de la Garde nationale et je les invitai à rentrer chez nous, où d'ailleurs le travail nous appelait parce que nous décuvions ce jour-là. Lorsque je quittai la place, la foule se précipitait vers la maison de M. le Maire, en vociférant qu'il les avait vendus, parmi cette foule était bon nombre de gens armés. Quand je fus dans ma maison, je vis le Maire être emmené à la Mairie comme un criminel, par un groupe d'individus armés.

Lecture faite, a persisté et a déclaré ne savoir signer.

Taxé neuf francs cinquante centimes.

Signés : H. POUMAYRAC, PONS, Commis-Greffier.

Le vingt-troisième desdits témoins, assigné par exploit de Payré, huissier à Perpignan, dont il nous a représenté la copie revêtue des formalités légales, après serment par lui prêté de dire vérité, a dit s'appeler :

23. BERGUE-LLOUBES (Jean), trente-huit ans, musicien et cultivateur,

domicilié à Estagel, n'être parent, ni allié, serviteur, ni domestique d'aucune des parties.

M° Tarbouriech reproche le témoin par le motif qu'il est personnellement intéressé au sort de la contestation actuelle, à raison des actions qui pourraient être intentées contre lui, par la participation aux faits qui y ont donné lieu.

Le témoin répondant au reproche dit qu'il était Conseiller municipal à l'époque où se sont accomplis les faits qui y ont donné lieu, qu'il a pris part aux délibérations du Conseil municipal.

Interrogé sur les faits de la cause, il répond :

La maison que j'occupe à Estagel, est située à 4 ou 500 mètres du village. Le trente-un octobre dernier, vers six heures du matin, j'entendis battre le rappel, et comme j'avais du travail chez moi, je ne me dérangeai pas ; après qu'on eût battu le rappel, je vis des factionnaires venir se placer sur la route, assez loin de ma maison. Le lendemain je pris part à une délibération du Conseil municipal qui était relative au désarmement de certains individus, parce que le bruit avait couru dans le peuple qu'ils avaient des armes et qu'il fallait les leur enlever, et on craignait qu'on ne se portât à des violences sur leurs personnes si on ne les désarmait pas. Le soir du même jour M. le Préfet ayant envoyé l'ordre d'élargir les prisonniers, le Conseil municipal se réunit de nouveau, nous fûmes d'avis qu'il ne fallait pas les laisser sortir parce qu'il pouvait leur arriver malheur si on les voyait dehors. Il fut décidé que le lendemain M. le Maire irait trouver M. le Préfet à Perpignan, accompagné de deux délégués, je fus désigné ; en cette qualité je vins à Perpignan où je restai, tandis que M. le Maire partit avec M. le Préfet pour Estagel. Lorsque je suis rentré à Estagel j'ai appris que M. le Maire avait été insulté et maltraité, j'allai le voir dès mon arrivée, mais Mme Camps me dit qu'il

11

était trop tracassé, qu'il valait mieux attendre au lendemain pour lui parler. Je revins lui faire visite pendant deux ou trois jours de suite, je le trouvai chaque fois alité et assez souffrant, un jour le médecin lui pratiqua une saignée.

Lecture faite, a persisté et a signé.

Taxé neuf francs cinquante centimes.

        Signés : Jean BERGUE-LLOUBES, H. POUMAYRAC, PONS, Commis-Greffier.

Le vingt-quatrième des dits témoins assigné par exploit de Payré huissier duquel il nous a représenté la copie revêtue des formalités légales, après serment par lui prêté de dire vérité, a dit s'appeler :

24. BERGA (Roch-Etienne), âgé de 40 ans, propriétaire,

domicilié à Estagel, n'être parent, ni allié, serviteur, ni domestique d'aucune des parties.

Me Tarbouriech déclare reprocher le témoin par le motif qu'il est personnelle-ment intéressé au sort de la contestation actuelle à raison des actions qui pour-raient être intentées contre lui pour sa participation aux faits qui y ont donné lieu.

Le témoin répondant au reproche, dit qu'il était Conseiller municipal à l'époque où se sont accomplis les faits qui ont donné lieu à la contestation actuelle et qu'il a pris part aux délibérations du Conseil municipal.

Nous, Juge-Commissaire, nonobstant le reproche, avons procédé à l'audi-tion du témoin, qui, interrogé sur les faits de la cause, répond :

Le premier novembre, faisant partie du poste de la Mairie, dans l'après-midi, je fus placé en faction à la porte de M. Gonzalvo, avec la consigne de ne pas le laisser sortir, et de laisser, au contraire, aller et venir librement les autres personnes de la maison; on ne me dit pas de faire usage de mon arme dans le cas où il tenterait de sortir. Jamais mon fusil n'a été chargé. Le soir je fus appelé au Conseil municipal pour délibérer à suite d'un ordre qu'avait envoyé M. le Préfet de mettre les prisonniers en liberté, nous fûmes d'avis qu'il ne fallait pas les laisser sortir parce qu'on pouvait leur faire un mauvais parti. Nous convînmes que **M.** le Maire irait le lendemain à Perpignan avec deux délégués. Je fus choisi pour l'un des deux. **M.** Camps, repartit de Perpignan, avec **M.** le Préfet tandis que je ne repartis que plus tard.

En arrivant à Estagel j'appris qu'on avait insulté et battu **M.** le Maire, le trois novembre j'allai le voir et le trouvai au lit malade.

Sur l'interpellation de Me Tarbouriech le témoin déclare que, dans le poste et même dans la rue, il a entendu des personnes crier soit contre **M.** Triquera, soit contre les autres, mais qu'il ne peut désigner aucun nom.

Sur l'interpellation de Me Auberge, si le témoin sait si Bourdanel jouit à Estagel de la sympathie publique, le témoin répond que Bourdanel cherche des querelles à plusieurs personnes de la localité.

Lecture faite, a persisté et signé.

Taxé neuf francs cinquante centimes.

Signés : BERGA (Roch-Etienne), H. POUMAYRAC, PONS, Commis-Greffier.

Le vingt-cinquième desdits témoins, assigné par exploit de Payré, huissier à Perpignan, dont il nous a représenté la copie revêtue des formalités légales, après serment par lui prêté de dire vérité, a dit s'appeler :

25. MALPAS (Emmanuel), âgé de quarante ans, marchand de grains et de farines,

à Estagel, n'être parent, allié, serviteur ni domestique d'aucune des parties.

Me Tarbouriech reproche le témoin par le motif qu'il a subi deux condamnations correctionnelles pour tromperie sur la quantité ou la qualité de la marchandise vendue.

Le témoin répondant au reproche, reconnaît qu'il a été condamné deux fois par le tribunal correctionnel, la première pour manque de poids sur du pain, la seconde pour mauvaise qualité de pain vendu.

Nous, Juge-Commissaire, nonobstant le reproche, avons procédé à l'audition du témoin qui, interrogé sur les faits de la cause, répond :

Quelques jours après les événements d'Estagel, me trouvant à Latour après les événements d'Estagel, me trouvant en compagnie de Morat Joseph, de Lucien Fontaneille et Xavier Deloncle, nous fimes la rencontre de Bourdanel devant la maison de M. Pech, il demanda à Morat comment allait M. le Maire qu'il avait appris qu'il était malade, qu'il était bien peiné de cela, après la sollicitude qu'avait déployée M. le Maire pour le protéger, il ajouta que chaque jour il faisait demander de ses nouvelles par le facteur, et il dit encore qu'il n'en voulait pas du tout à M. le Maire, mais seulement à M. Louis Camps.

Lecture faite, a persisté et signé.

Taxé neuf francs cinquante centimes.

Signés : Emmanuel MALPAS, H. POUMAYRAC, PONS, Commis-Greffier.

Après l'audition de ce témoin et vu l'heure tarde, Nous, Juge-Commissaire, avons renvoyé la continuation de la présente enquête à demain mardi, vingt-neuf août courant, huit heures du matin, dans la même salle du Palais-de-Justice, et avons, de tout ce que dessus, dressé le présent procès-verbal auquel nous avons vaqué par quadruple vacation, et que nous avons signé avec les parties leurs avoués et le Greffier qui nous assistait.

Signés : R. CAMPS, P. BOURDANEL, E. AUBERGE, E. TARBOURIECH, H. POUMAYRAC, PONS.

Et le mardi, vingt-neuf août à huit heures du matin, en continuation des opérations des samedi et lundi précédent, Nous, Juge-Commissaire, assisté de notre Greffier, avons assisté à l'audition des témoins cités, en présence des parties et de leurs avoués.

Le vingt-sixième desdits témoins, assigné par exploit de Payré, huissier, dont il nous a représenté la copie revêtue des formalités légales, après serment de dire vérité, a dit s'appeler :

26. PORRA (Pierre), âgé de quarante-deux ans, cordonnier, domicilié à Estagel, n'être parent, ni allié, serviteur, ni domestique d'aucune des parties, et sur les faits contenus au dispositif du susdit jugement, dont lecture lui a été donnée, a déposé oralement ainsi il suit :

M. Poumayrol était une des personnes à la porte desquelles avait été placé un factionnaire. Le lendemain du jour où M. le Préfet était venu à Estagel, j'entrai dans le magasin de celui-ci.

Mme Poumayrol me dit qu'elle avait été bien peinée la veille, en voyant ce qu'on faisait à M. le Maire, que son mari ne lui en voulait pas du tout, qu'il était allé le voir ; le même jour, ou le lendemain, j'allai voir le Maire qui était malade, je lui rapportai ce qu'avait dit Mme Poumayrol, lui disant qu'il paraissait que M. Poumayrol ne lui en voulait pas. M. Camps me dit alors que M. Poumayrol était venu le voir.

Lecture faite, a persisté et a signé.

Taxé onze francs cinquante centimes.

Signés : PORRA, H. POUMAYRAC, PONS.

Le vingt-septième desdits témoins, assigné par exploit de Payré, huissier, dont il nous a représenté la copie revêtue des formalités légales, après serment par lui prêté de dire vérité, a dit s'appeler :

27. FORNER-JAMBERT (Bonnaventure), âgé de 46 ans, propriétaire,

demeurant à Estagel, n'être parent, ni allié, serviteur, ni domestique de M. Bourdanel, l'une des parties.

Me Tarbouriech reproche le témoin comme étant parent de M. Camps au degré prohibé.

Le témoin, répondant au reproche, reconnaît avoir épousé la belle-mère de M. Camps, et Nous, Juge-Commissaire, nonobstant le reproche, avons procédé à l'audition du témoin, qui, interrogé sur les faits de la cause, a répondu :

Le deux novembre dernier, pendant que M. le Préfet était encore sur la place, je vis de l'agitation sur plusieurs points et notamment dans trois groupes différents, dans l'un de ces groupes était Bourdanel entouré de quelques femmes, un autre groupe était formé du Juge de Paix et de plusieurs individus qui paraissaient très-animés ; celui, enfin, du milieu du troisième groupe était l'adjoint Cazenove.

Lorsque je vis ce tumulte je me retirai chez moi. Un instant après, on vint m'appeler en me disant ; dépêche-toi, va vite, on tue M. Camps, je me hâtai de me rendre sur les lieux, et je vis M. Camps entouré d'un groupe considérable d'individus, la plus part animés qui lui donnaient des coups de crosse de fusil, des coups de pieds, en disant qu'il fallait qu'il rendit son écharpe, qu'ils ne le voulaient plus pour Maire, j'essayai d'intervenir, je parvins jusqu'à M. Camps, et cherchant à écarter la foule, je me rendis avec lui à la Mairie, étant toujours suivi des même individus qui proféraient les mêmes cris ; une fois là M. Camps rédigea sa démission, mais personne ne voulut prendre l'écharpe.

Lecture faite, a persisté et a signé.

Taxé onze francs cinquante centimes.

Signés : FORNER (fils), H. POUMAYRAC, PONS.

Le vingt-huitième desdits témoins, assigné par exploit de Payré, huissier, dont il nous a représenté la copie revêtue des formalités légales, après serment par lui prêté de dire vérité a déclaré s'appeler :

28. LLIMOUSY-JORDY (Benoit), âgé de trente-trois ans, perruquier,

domicilié à Estagel, n'être parent, ni allié, serviteur, ni domestique d'aucune des parties, et sur les faits contenus au dispositif du susdit jugement, dont lecture lui a été donnée, a déposé oralement comme il suit :

Le trente-un octobre dernier je pris, vers midi, la garde au poste de la Mairie comme sous-lieutenant, j'ai remarqué alors contre le mur une petite feuille de papier blanc sur laquelle étaient indiqués les points où devaient être placés des factionnaires ; cette affiche est bien la même qui m'est représentée, je la reconnais parce que j'y écrivis mon nom à la place de celui de Féléret qui avait commandé le poste avant moi.

Lecture faite, a persisté et a signé.

Taxé onze francs cinquante centimes.

Signés : LLIMOUSY, H. POUMAYRAC, PONS.

Le vingt-neuvième desdits témoins assigné par exploit de Payré, huissier, duquel il nous a représenté la copie revêtue des formalités légales, après serment par lui prêté de dire la vérité, a déclaré s'appeler :

29. AVÉROS-LAVAILL (Joseph), àgé de quarante-deux ans, propriétaire,

domicilié à Estagel, n'être parent, ni allié, serviteur, ni domestique d'aucune des parties.

Mª Tarbouriech déclare reprocher le témoin, par le motif qu'il est intéressé personnellement au sort de la contestation actuelle, à raison des actions qui pourraient être intentées contre lui pour sa participation aux faits qui y ont donné lieu.

Nous, Juge-Commissaire, nonobstant le reproche, avons procédé à l'audition du témoin, qui, interrogé sur les faits de la cause répond :

Le trente-un octobre dernier, pendant que je me levais, j'entendis battre le rappel, j'allai sur la place, je vis bon nombre de gens qui paraissaient très-animés et s'agitaient beaucoup. Je n'y restai pas, j'y revins un instant après et je m'aperçus que l'animation avait encore augmenté, que les esprits et les têtes s'échauffaient beaucoup, on disait qu'il y avait des personnes qui avaient chez elles des dépôts d'armes, qu'il fallait aller les prendre.

Plus tard j'ai vu un groupe se former, on disait qu'il fallait aller arrêter Izarn qui se trouvait à la métairie Cayrol ; pour empêcher qu'on ne se portât à des excès vis-à-vis de cet homme, je me joignis à ce groupe, j'ignore qui avait été le promoteur de l'arrestation d'Izarn, nous trouvàmes cet homme, nous l'amenàmes, on ne lui fit aucun mal. Cependant l'animation redoublait toujours d'intensité, on persistait à dire de plus fort qu'il y avait des dépôts d'armes dans certaines maisons, qu'il fallait aller les prendre, il devenait urgent de prendre des mesures pour prévenir des malheurs. Le Conseil muni-cipal se réunit, on décida que l'autorité elle-même ferait exécuter des per-quisitions. Je suis allé moi-même en deux ou trois maisons.

Le premier novembre au soir, **M.** le Préfet écrivit qu'il fallait mettre les prisonniers en liberté. Le Conseil municipal fut convoqué à l'occasion de cette dépêche ; nous fûmes d'avis que nous allions exposer les prisonniers et nous exposer nous-mêmes si nous les faisions sortir, qu'il serait impossible de contenir le peuple et de l'empêcher de se porter à des excès ; il fut décidé que le Maire, irait le lendemain à Perpignan avec deux délégués. Le lendemain j'étais à la Mairie à l'arrivée de **M.** le Préfet, mais je n'étais pas présent lorsqu'il parla aux prisonniers, je m'étais déjà rendu sur la place, où la Garde nationale était appelée à se réunir. **M.** le Préfet vint bientôt, il nous fit un discours, puis avant que **M.** le Préfet ne fut reparti, j'aperçus Bourdanel traversant la place ; alors il se fit une certaine agitation, je ne remarquai pas cependant que des clameurs ou des menaces s'élevassent à l'encontre de Bourdanel ; peu après je vis des individus armés se jeter sur **M.** le Maire et lui porter des coups avec les crosses de leurs fusils, et le menacer de leurs baïonnettes en criant qu'ils voulaient son écharpe, que le Maire les avait vendus et le Conseil municipal aussi. Ils se ruèrent sur **M.** le Maire et le bousculèrent en l'entraînant vers la Mairie, j'ai remarqué que parmi ceux qui excitaient le monde à ce moment-là le nommé Joseph Sisqueille.

Lecture faite, a persisté et a signé.

Taxé onze francs cinquante centimes.

Signés : Avéros-Lavaill, H. Poumayrac, Pons.

Le trentième desdits témoins assigné par exploit de Payré, huissier à Perpignan, duquel il nous a représenté la copie revêtue des formalités légales, après serment par lui prêté de dire vérité, a dit s'appeler :

30. CAMBRIELS (Adolphe), boulanger et propriétaire, âgé de trente-cinq ans,

domicilié à Estagel, cousin germain de la femme de Bourdanel, n'être parent, ni allié, serviteur ni domestique de l'autre partie et sur les faits contenus au dispositif du susdit jugement, dont lecture lui a été donnée, a déposé oralement comme suit :

J'ai été mis en faction le trente-un octobre, vers neuf heures du matin par un caporal de la Garde nationale, à un endroit situé hors du village et appelé Saint-Vincent, j'ignore quel était ce caporal, car tout le monde commandait ce jour-là.

Lecture faite, a persisté et a signé.

Taxé onze francs cinquante centimes.

Signés : CAMBRIELS (Adolphe), H. POUMAYRAC, PONS.

Le trente-unième desdits témoins, assigné par exploit de Payré, huissier, dont il nous a représenté la copie revêtue des formalités légales, après serment par lui prêté de dire vérité a dit s'appeler :

31. MAURY (Joseph), âgé de quarante-deux ans, cultivateur,

domicilié à Estagel, ni parent, ni allié, serviteur, ni domestique d'aucune des parties, et sur les faits contenus au dispositif du susdit jugement, dont lecture lui a été donnée, a déposé oralement comme il suit :

Pendant qu'on faisait le désarmement à Estagel, j'ai dit que je savais le lieu où étaient cachées, ou en tout cas, avaient été cachés des armes dans la métairie Etienne Triquéra ; à ce moment-là M. le Maire était dans la maison, je ne suis pas allé chez lui pour l'appeler.

Lecture faite, a persisté et ne sait signer.

Taxé onze francs cinquante centimes.

Signés : H. POUMAYRAC, PONS.

Le trente-deuxième desdits témoins, assigné par exploit de Payré, huissier à Perpignan, dont il nous a représenté la copie revêtue des formalités légales, après serment par lui prêté de dire vérité, a dit s'appeler :

52. MARTY (Bonnaventure), âgé de vingt-sept ans, cultivateur,

domicilié à Estagel, n'être parent, ni allié, serviteur ni domestique d'aucune des parties, et sur les faits contenus au dispositif du susdit jugement dont lecture lu a été donnée a déposé oralement comme suit :

12

Pendant qu'on faisait la perquisition chez M. Triquéra, et qu'après avoir apporté les armes de chasse, certaines personnes se prirent à dire qu'il y en avait d'autres, j'ai dit que cela ne devait pas être parce que j'avais travaillé plusieurs fois chez M. Triquéra et que jamais je n'en avais vu d'autres, et que, s'il y en avait elles ne pouvaient être cachées que dans la jarre à huile. Le nommé Sirach m'a envoyé auprès de M. le Maire pour lui dire qu'il y en avait et que d'après ma manière de voir, si M. Triquéra avait des armes cachées elles ne pouvaient être que dans la cave, dans la jarre à huile cachée sous le sol.

Lecture, a persisté et ne sait signer.

Taxé onze francs cinquante centimes.

Signés : H. POUMAYRAC, PONS.

Le trente-troisième desdits témoins, assigné par exploit de Payré, huissier, dont il nous a représenté la copie revêtue des formalités légales, après serment par lui prêté de dire vérité a dit s'appeler :

33. BAUDY (Jean-Pierre), âgé de trente-trois ans, propriétaire,

domicilié à Estagel, ni parent, ni allié, serviteur, ni domestique d'aucune des parties, et sur les faits contenus au dispositif du susdit jugement, dont lecture lui a été donnée, a déposé oralement ainsi qu'il suit :

Le témoin avant de déposer déclare lui aussi qu'il a été une victime des faits qui se sont accomplis à Estagel le trente-un octobre et qu'il est dans l'intention d'intenter, lui aussi, une action en dommages contre les auteurs des arrestations ou séquestrations.

Nonobstant cette déclaration, Me Auberge consent à ce que le témoin soit entendu.

Le trente-un octobre dernier je suis sorti du village et suis arrivé jusque sur le pont, vers sept heures ou sept heures et demie du matin, je n'ai vu alors aucun factionnaire soit à la sortie du village, soit sur tout autre point, il n'y avait pas non plus la moindre agitation sur la place et dans les rues.

En passant, pour rentrer chez moi, devant la maison de M. Louis Camps, celui-ci m'a appelé en tapant à la vitre et m'a dit : Toi tu as voulu la guerre avec l'étranger, à présent tu vas avoir la guerre civile à Estagel.

En entrant chez moi je remarquai déjà quelques personnes sur la place, puis j'ai entendu battre le rappel, j'ai vu des hommes arriver sur la place, j'y suis allé moi-même, le commandant de la Garde nationale s'y trouvait, je n'y ai pas vu M. le Maire. Vers huit heures ou huit heures et demie M. le Maire est venu chez moi avec des Gardes nationaux, et m'a dit qu'il ne fallait pas sortir : je lui ai dit que j'avais besoin d'aller à mes affaires, il m'a répondu que cela ne faisait rien, que je ne sortirais pas et il a placé un factionnaire à mes portes, celle du devant et celle du derrière. Un instant avant j'étais allé à mon écurie qui est située à la rue Saint-Vincent, j'y étais resté une demi-heure environ, personne ne m'avait rien dit.

Sur l'interpellation de Me Tarbouriech le témoin déclare que, lorsqu'il est allé sur la place où commençaient à se réunir les Gardes nationaux, il n'a entendu proférer aucune menace contre personne, que chacun était à se demander ce que c'était, s'il fallait aller à Perpignan ou ce qu'il fallait faire.

Sur l'interpellation de Me Auberge le témoin ajoute :

Le trente-un octobre, vers neuf heures du soir, le nommé Deloncle (André), capitaine de la Garde nationale, est venu frapper à ma porte et m'a dit de ne pas essayer de sortir, je lui demandai pourquoi, il se contenta de me répondre : c'est la consigne, je crois même qu'il dit : c'est l'ordre du Maire.

Répondant à une seconde interpellation de Me Auberge le témoin dépose : Je n'ai jamais entendu proférer à Estagel des menaces contre les personnes qu'on suppose avoir été favorables au plébiscite. On leur crie bien *al rasteill !*

al rasteill ! toutes les fois que l'occasion s'en présente, mais tout se borne là, quant à moi je dois dire que presque tous les habitants d'Estagel, lorsqu'ils me trouvent hors de la localité, n'hésitent pas à m'adresser la parole et à causer avec moi : tandis que lorsqu'ils me rencontrent dans Estagel ils n'osent me rien dire.

Lecture, a persisté et signé.

Signés : BAUDY, H. POUMAYRAC, PONS.

Le sieur Gary (Michel), maître d'hôtel à Estagel, n'ayant pas comparu quoique régulièrement assigné, Mᵉ Auberge, avoué, au nom de la partie, a déclaré renoncer à son audition.

Nous, Juge-Commissaire,

Attendu qu'il n'y a pas d'autre témoin à entendre, nous avons clos le présent procès-verbal duquel et auquel nous avons vaqué par simple vacation et qui a été signé par toutes les parties, leurs avoués, Nous, et le Greffier qui nous assistait.

Signés : R. CAMPS, P. BOURDANEL, Eug. AUBERGE, E. TARBOURIECH,
H. POUMAYRAC, PONS.

Enregistré à Perpignan, le dix-huit septembre mil huit cent soixante-onze, folio cent dix-sept, case première. Reçu en principal et décimes, pour droit d'enregistrement trois francs soixante centimes ; pour droits de greffe vingt francs douze centimes et demi. L'attribution du Greffier est de un franc soixante-dix-sept centimes et demi.

Signé : DUCOURNAU.

Pour expédition :

J. LAFONT, greffier signé.

Enregistré à Perpignan, le vingt novembre mil huit cent soixante-onze, folio cent quatre-vingt-dix, case trois. Reçu en principal et décimes pour quatre-vingt-six rôles soixante-dix-sept francs quarante centimes. L'attribution du greffier est de vingt-cinq francs quatre-vingts centimes.

Signé : DUCOURNAU.

A la requête du sieur Raymond Camps, propriétaire à Estagel, ayant Mᵉ Eugène Auberge pour avoué.

Soit signifié et en tête de celle du présent, laissé copie à Mᵉ Tarbouriech, avoué du sieur Pierre Bourdanel, négociant, domicilé à Estagel.

De l'expédition d'une enquête reçue par M. Poumayrac, Juge-Commissaire, le vingt-six août mil huit cent soixante-onze, enregistré, dans la cause entre parties.

Pour servir et valoir ce que de droit.

Sous toutes réserves.

Dont acte.

Signé : Auberge, licencié avoué.

Pour copie :

E. Auberge, licencié avoué.

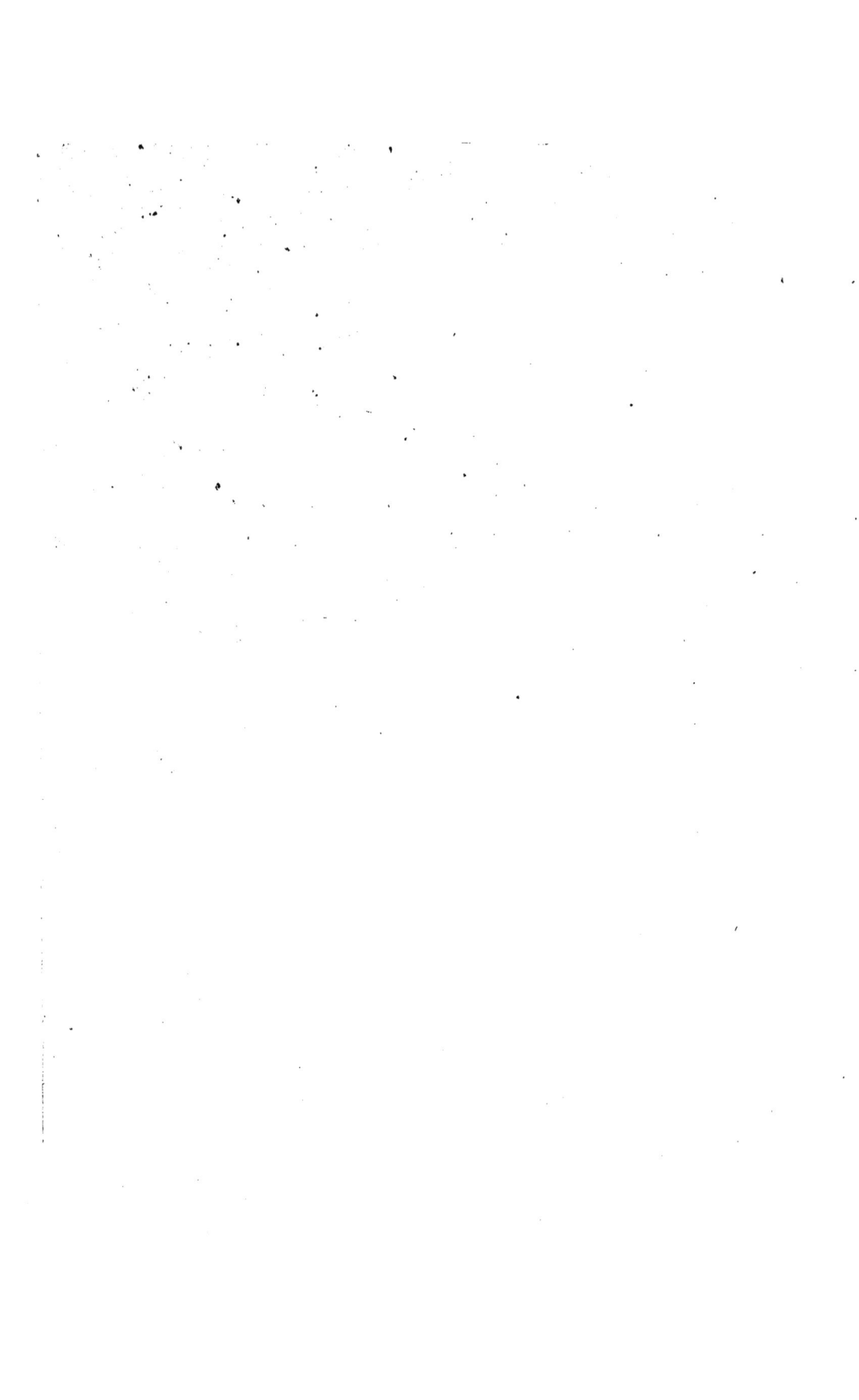

www.ingramcontent.com/pod-product-compliance
Lightning Source LLC
Chambersburg PA
CBHW060623200326
41521CB00007B/869